우리는 독도 어벤져스!

수상한 동해원정대

우리는 독도 어벤져스!

초판 1쇄 발행 2023년 6월 30일
초판 2쇄 발행 2023년 12월 29일

지은이	김대철
그린이	안예리
펴낸이	김선기
펴낸곳	(주)푸른길
출판등록	1996년 4월 12일 제16-1292호
주소	(08377) 서울시 구로구 디지털로 33길 48 대륭포스트타워 7차 1008호
전화	02-523-2907, 6942-9570~2
팩스	02-523-2951
이메일	purungilbook@naver.com
홈페이지	www.purungil.co.kr
ISBN	978-89-6291-023-0 73810

• 이 책은 (주)푸른길과 저작권자와의 계약에 따라 보호받는 저작물이므로 본사의 서면 허락 없이는 어떠한 형태나 수단으로도 이 책의 내용을 이용하지 못합니다.

차례

수상한 두 개의 초청장 ◆ 9

불발탄 ◆ 17

트랜스포머 타코 ◆ 25

사라진 천천이 ◆ 36

새우부대 ◆ 46

오키섬 ◆ 52

독도는 어느 나라 땅? ◆ 61

지연 작전 ◆ 72

독도 박테리아 ◆ 82

박테리아 어벤져스 ♦ 92

해저사태 ♦ 104

바쁘다 바빠! ♦ 116

두뇌 싸움 ♦ 121

강치 형님 ♦ 131

고질라 ♦ 142

가제바위 ♦ 152

동해원정대와 함께하는 독도 일주 여행 ♦ 160
작가의 말 ♦ 162

이야기 속 친구들

시아
이야기의 주인공이자 광합성으로
산소를 만드는 시아노박테리아.
호주 서쪽 상어만 얕은 바다에 살고
모험을 즐긴다.

콩콩이
시아의 오랜 친구 돌고래. 덜렁대고
덩치에 어울리지 않게 순하지만, 친구를
구하는 일에는 용감하게 앞장선다.

천천이
경험이 많은 거북이.
지혜롭고 신중한 성격이며
뛰어난 길잡이이다.

독우
독도에 사는 새우. 독도수비대장을
맡고 있으며 심해원정대 삼총사를
독도에 초청한다.

타코
친화력이 뛰어난 문어.
영리한 데다 긴 다리가 있어
자유자재로 변신할 수 있다.

오삼
오키섬 해삼부대 대장.
심해원정대 삼총사를
오키섬에 초청한다.

시마네
울릉도에 사는 문어.
독우의 스파이다.

독박, 우박
독도에 사는 박테리아.
우주선을 타고 우주여행을
한 적이 있다.

강치
바다사자. 러시아
캄차카 출신이다.
조상들의 고향인
독도를 방문한다.

고질라
일본 후쿠시마에 사는 개구리.
방사능 오염으로 몸이 거대해졌다.

• 용어해설 •

상어만(Shark Bay) 호주 서쪽에 있는 얕은 만. 산소를 만드는 시아노박테리아가 산다. '스트로마톨라이트'라는 검은 돌로 유명한 유네스코 자연유산 지역이다.

소파층(sofar channel) 바다에서 소리(음파)가 잘 전달되는 통로. 보통 수심 1000미터 부근에서 나타난다.

다윈(Darwin) 제2차 세계대전 때 일본군이 폭격한 호주 북쪽 항구도시.

해산(seamount) 해저화산. 마그마의 분출력이 약하거나 수심이 너무 깊어 섬(화산섬)이 되지 못한 해저 지형이다.

평정해산(tablemount) 꼭대기가 평탄한 해저화산. 원래는 섬이었으나 침강한 화산도. 섬이 물속으로 가라앉을 때 꼭대기가 침식되어 평평해졌다. '기요'라고도 한다.

가스하이드레이트(gas hydrate) 고체 메탄(메탄은 원래 기체). 박테리아가 유기물(해양생물 사체)을 분해하여 만들어 낸 메탄이 적당한 압력과 온도에서 고체 형태(흰색의 얼음 모양)가 된 것이다. 차세대 청정에너지로 기대되는 자원으로 육상에도 있으며 전 세계적으로 넓게 분포되어 있다. 동해에도 많다.

오키섬 독도에서 157km 떨어진 일본 시마네현에 속한 화산 군도. 거리가 너무 멀어서 둥근 지구의 수평선 밑에 있기 때문에 오키섬과 독도에서는 서로를 볼 수 없다.

해저사태 지진이나 가스분출의 충격 때문에 해저사면을 따라 발생하는 커다란 사태(육지에서는 주로 홍수나 지진 때문에 발생). 동해에서 흔하게 일어난다.

국제수로기구 바다와 해저 지형의 공식 명칭을 정하고 해도를 발행하는 국제기구. 우리나라도 회원국이다.

수상한 두 개의 초청장

"아이 심심해. 뭐 재미있는 일 없나? 친구들과 심해탐험을 한 지 벌써 일 년이 넘었네."

나른한 오후였다. 나는 여느 때처럼 상어만의 얕고 맑은 물에서 열심히 산소를 만들다가 혼자서 중얼거렸다. 너무 심심해서 몸을 배배 꼬고 있는데 거북이 천천이가 모처럼 놀러 왔다.

"시아야, 잘 지냈니? 오랜만이야. 요즘 뭐 하고 지내?"

"천천아, 정말 반가워. 모험이 끝나고 거의 일 년 만이네. 난 그동안 이곳에서 꼼짝없이 지냈어. 너무너무 답답해. 넌 어떻게 지냈니?"

천천이는 여전히 어른스럽게 대답했다.

"나야 여느 때처럼 먼바다를 돌아다녔지. 넓은 세상을 구경하면서 말이야."

"야, 너무 부럽다. 나도 같이 가면 안 될까? 난 박테리아라서 혼자서는 힘들잖아. 모험을 떠나고 싶어 몸이 근질거려. 상어만을 벗어나고 싶어, 제발."

내 요청에 천천이가 시원스럽게 대답했다.

"좋지. 저번에는 깊은 바다를 탐험했으니 이번엔 먼 곳으로 가 볼까?"

"신난다! 그런데 우린 삼총사잖아. 하나가 빠졌어. 같이 가자고 말해야지."

그런데 말이 끝나기가 무섭게 갑자기 요란하게 쿵쾅거리는 소리가 났다. 천천이와 내가 서로를 보며 빙그레 웃었다.

"호랑이도 제 말 하면 온다더니……."

덩치 큰 돌고래 콩콩이는 얕은 바닷가에 있는 우리 집에 올 때마다 여기저기 부딪친다. 조심하라고 했건만 덜렁거리는 건 여전하다.

"시아야, 잘 있었어? 마침 천천이도 있네. 잘됐다. 자, 빨리 떠나자!"

"뭐? 이 덜렁아. 갑자기 나타나서는 어딜 떠나자는 거야?"

나는 어이가 없어서 한마디 했다. 천천이도 기가 찬지 눈만 굴리면서 콩콩이를 바라보았다.

"머나먼 곳에서 초청장이 왔어. 우리 셋 모두를 초청한대!"

콩콩이가 신이 나서 떠들어 댔다.

"초청장? 누가?"

"어디서 보냈는데?"

누가 먼저랄 것도 없이 나와 천천이는 콩콩이의 대답을 재촉했다.

"두 개의 초청장이 왔어. 장소는 비슷한 거 같은데 이름이 좀 달라. 초청자도 다르고."

콩콩이는 초청장들을 우리에게 보여 주었다.

첫 번째 초청장

보내는 이: 독우

받는 이: 오스트레일리아 심해원정대 삼총사

안녕. 나는 한국 동해에 사는 독도새우 독우야. 너희들 호주(한국에서는 오스트레일리아를 호주라고 불러) 삼총사의 심해탐험 이야기를 듣고 꼭 만나 보고 싶었어. 동해는 호주에서 먼 곳이기는 하지만 너희처럼 모험을 즐기는 친구들에겐 최고지. 내 친구들도 소개해 줄게.

답변 기다린다. 빨리빨리!

두 번째 초청장

보내는 이: 오삼

받는 이: 오수토라리아 시아노박테리아와 친구들

안녕. 나는 일본 오키섬에 사는 해삼인데 오삼이라고 해. 오수토라리아에 산다는 너희들 소문 들었어. 꼭 한번 만나고 싶으니 방문해 주면 좋겠어. 답변 기다릴게.

참. 오키섬은 일본해에 있는데 울릉도 동쪽에 있는 섬이야. 일본해는 일본과 한국 사이에 있는 바다야.

초청장을 읽어 준 후 콩콩이가 물었다.

"너희들 생각은 어때? 어느 곳을 갈까?"

내가 먼저 대답했다.

"첫 번째 초청장이 조금 더 끌리네. 우리를 삼총사라고 부르는 것도 마음에 들고, 무엇보다도 모험이 기다린다는 말에 흥분돼. 그런데 초청장을 보낸 두 곳이 그렇게 멀리 떨어져 있는 것 같지 않으니 둘 다 가면 안 될까?"

"천천이는?"

말없이 뭔가 골똘히 생각하고 있는 천천이가 답답했는지 콩콩이가 답변을 재촉했다.

"나도 시아와 생각이 비슷해. 한국과 일본의 새로운 친구들을

사귀고 싶어. 그런데 뭔가 찜찜해. 왜 갑자기 머나먼 아시아에서 초청장이 왔지? 그것도 두 나라에서 한꺼번에."

콩콩이가 대답했다.

"좀 수상하기는 해. 우연이겠지만 첫 번째 초청장이 오고 며칠 후 두 번째가 왔어. 그리고 독우라는 친구 성격이 아주 급한 모양이야. 초청장에 빨리빨리가 뭐야? 대답을 빨리해 달라는 뜻인가? 아니면 빨리 오라는 뜻인가?"

"근데 오키섬 친구는 왜 우리나라의 이름을 특이하게 부르는 걸까?"

나의 질문에 콩콩이도 짚이는 게 없는지 어깨를 으쓱였다.

그런데 아까부터 초청장을 가만히 들여다보던 천천이가 입을 열었다.

"아마 그건 단순한 발음의 문제일 거야. 그것보다 뭔가 이상한 점을 못 느꼈니?"

천천이의 말에 나는 초청장을 다시 읽어 봤다.

"맞아. 한국과 일본 사이에 있는 바다 이름이 두 개나 되네? 독우는 '동해'라고 했고, 오삼이는 '일본해'라고 했지. 어느 것이 맞는 거야? 왜 같은 바다가 이름이 다르지?"

"같은 바다를 다르게 부르는 곳이 몇 군데 있다는 이야기를 들은 적 있어. 그런데 오삼이는 일본해라고 바다 이름을 특별히 강조한 것 같네. 왜 그러는지 알아내는 것도 우리 삼총사가 할 일이지. 이거 아주 재밌겠는걸. 난 역사에 관심이 많거든."

천천이가 씨익 웃으면서 하는 말에 나도 덩달아 신이 났다.

"이번 모험 정말 재미있겠다. 그런데 콩콩아 초청장은 어떻게 받았니? 동해는 아주 멀 텐데. 돌고래 친구들이 릴레이로 알려 줬니?"

그러자 콩콩이가 갑자기 우쭐댔다.

"우리 돌고래는 머리만 좋은 게 아니고 재주도 많은 것 몰랐니? 아무리 멀어도 가능한 고성능의 통신 방법이 있지."

"야, 자랑 그만하고 빨리 말해. 너무 잘난 체하면 궁금한 게 사라진다."

"아, 알았어. 알려 줄게."

내 말 한마디에 마음 약한 콩콩이가 통신의 비밀을 알려 주었다.

"너희들, 바다에서는 소리가 통신수단인 것은 알지?"

"당연히 알지. 그런데 소리는 사방으로 퍼져서 얼마 못 가잖아. 멀리 보내는 방법이라도 있어?"

콩콩이가 자세히 설명하기 시작했다.

"소리를 흩어지지 않게 멀리 보내려면 파이프 같은 곳에 대고 말하면 되잖아. 바닷물 속에도 그런 파이프 역할을 하는 층이 있어. '소파'라고 하는데 그곳을 통해 소리를 보내면 수천 킬로미터 넘는 아주 먼 곳까지도 전달이 가능해. 소리의 고속도로지. 더구나 우리 돌고래들은 원래 소리로 소통하니까 더 잘 통해."

천천이가 끼어들었다.

"나도 그 이야기 들은 적 있어. 그런데 그 소파층은 돌고래만 이용하는 건 아닐 테니 다른 생물들도 듣겠네?"

"그래 맞아. 하지만 어느 누가 남의 이야기에 관심을 가지겠어?"

나는 신나게 출발 선언을 했다.

"심해원정대 삼총사, 출발!"

불발탄

"아차차, 그런데 어떻게 가지? 난 헤엄치는 건 자신 있지만, 한국은 너무 먼데다 혼자서는 물속에서 방향 잡는 법을 잘 몰라. 원래 우리 돌고래들은 무리를 지어 다니거든."

콩콩이가 난감한 표정을 지었다. 나도 상어만에서 산소를 만들며 조용히 살아갈 뿐이어서 길눈이 어두운 건 마찬가지였다. 천천이가 빙그레 미소를 지었다.

"너희들 최고의 길잡이 천천이를 벌써 까먹었니? 걱정 마."

콩콩이는 여전히 걱정스러운 듯했다.

"천천아. 네가 여행 경험이 많은 줄은 알지만 이건 정말 엄청나게 먼 거리야. 게다가 남반구인 호주에서 북반구인 한국으로 가려면 적도를 지나야 하잖아. 별자리도 달라져서 남십자성도 안 보인다고 들었는데, 방향을 어떻게 잡지?"

"맞아. 적도를 넘어가면 북반구가 되니까 남십자성은 안 보여. 대신 북극성이 그 역할을 해. 그런데 별은 밤에만 보이고 구름이 끼면 잘 안 보이잖아. 사실 내겐 그보다 더 좋은 내비게이션이 있어."

"그게 뭔데?"

"지구가 거대한 자석인 것은 알고 있지? 지금은 인공위성을 이용하지만, 예전에는 나침반으로 방향을 잡았어. 바로 그 나침반이 내 몸에 있어. 우리 거북이들은 알을 낳으러 아주 먼 거리를 이동하는데, 그때 몸의 나침반을 이용해서 방향을 잡아. 언제부터인지는 모르지만, 아득히 먼 조상들로부터 전해 내려오는 능력이야."

천천이는 이어서 여행 경로를 설명했다.

"내 머릿속에는 이미 한국으로 가는 길이 그려져 있어. 호주 서부 상어만에서 출발해서 다윈(호주의 북쪽 도시)을 거쳐 필리핀 동쪽을 지나 계속 북상할 거야. 그리고 제주도와 부산을 통과해 동해의 울릉도를 지나 독도로 갈 거야. 우리를 초대한 독우가 사는 곳이지. 머나먼 여정이 되겠지만 나만 믿어."

"좋았어! 그럼 '심해원정대 삼총사'의 대장 시아의 이름으로 출발을 선포한다. 각자의 임무를 정해 주겠다. 천천이는 내비게이션, 콩콩이는 통신, 나는 산소 공급과 지휘를 담당한다."

나는 예전처럼 콩콩이 코 위에 자리를 잡았다. 내 선언에 맞춰 모두 씩씩하게 출발했다.

"그런데 얼마나 걸릴까?"

내 질문에 천천이가 대답했다.

"이건 알다시피 긴 여행이야. 한 달 이상 걸릴걸. 다윈까지도 몇 날 며칠 가야 해."

"하긴 호주가 한국의 77배 크기라며? 호주를 벗어나는 것만도 대단한 여행이겠네."

콩콩이가 고개를 끄덕였다. 며칠 후에서야 우리는 다윈 부근에 도착했다. 멀리 도시가 보였다.

"저기가 다윈이야. 이 부근에서 가장 큰 도시이지."

천천이의 설명 도중에 갑자기 주변이 소란스러워졌다. 각종 물고기와 상어까지도 겁에 질린 채 정신없이 도망치고 있었다.

"애들아, 무슨 일이야? 왜 도망치니?"

앞장서 가던 천천이의 질문에 날렵하게 헤엄치던 상어가 대답했다.

"폭탄이야, 폭탄! 곧 터질 거야! 빨리 피해!"

우리는 멋도 모르고 상어를 따라 도망쳤다. 잠시 후 뒤쪽에서 엄청난 폭발음과 함께 물기둥이 솟았다.

"고마워. 네 덕분에 살았다. 그런데 이 평화로운 바다에 웬 폭탄?"

"우리도 바닷속에 왜 폭탄이 있는지 모르지만, 여긴 이런 폭탄이 여러 발 묻혀 있어. 오래된 것인데 아마 조개가 폭탄을 건드렸나 봐. 그리고는 터질 것 같으니까 우리에게 알렸지."

상어도 어지간히 놀랬는지 뒤도 돌아보지 않고 가 버렸다. 다행히 모두 안전하게 피한 듯했다. 급하게 도망치느라 아직도 가슴이 콩닥거리는 콩콩이가 웬 폭탄이냐며 고개를 갸우뚱거렸다. 천천이가 이유를 설명했다.

"너희들 '제2차 세계대전'이라고 들어 본 적 있지? 80여 년 전에 일본이 아시아 여러 나라를 점령하고 이곳 호주까지 공격했어. 다윈이 호주에서 가장 북쪽에 있는 도시라 일본 전투기가 수십 차례 폭격했대. 아까 그 폭탄은 당시 바다에 떨어졌지만 폭발하지 않고 있던 불발탄일 거야."

콩콩이가 맞장구쳤다.

"나도 그 얘기 들었어. 전쟁은 끔찍해. 지금까지도 후유증이

이어지잖아."

우리는 천천이를 따라 적도를 통과해서 계속 북쪽으로 나아 갔다. 콩콩이는 가끔씩 잠을 자지 않고 계속 헤엄치기도 했는데, 그때마다 한쪽 눈을 감고 있었다. 그럴 때는 말을 걸어도 반응이 없었다. 너무 이상해서 콩콩이에게 왜 그런지 물었다.

"우리 돌고래는 뇌가 둘로 나뉘어 있어. 한쪽 뇌가 피곤해지면 다른 한쪽만으로 활동하곤 해. 뇌가 교대로 쉬는 거야. 그래서 장거리 이동이 가능하지. 내가 한쪽 눈을 감고 자고 있을 땐 반대쪽에서 말을 걸어 주면 돼."

"거참 편리하네. 장거리 여행에 딱이다."

천천이도 신기한 듯 콩콩이를 돌아보았다.

며칠 후 우리는 필리핀 동쪽 바다를 지나고 있었다. 깊은 바닷속에 거대한 암석 기둥들이 나타났다. 물 위까지 솟은 기둥도

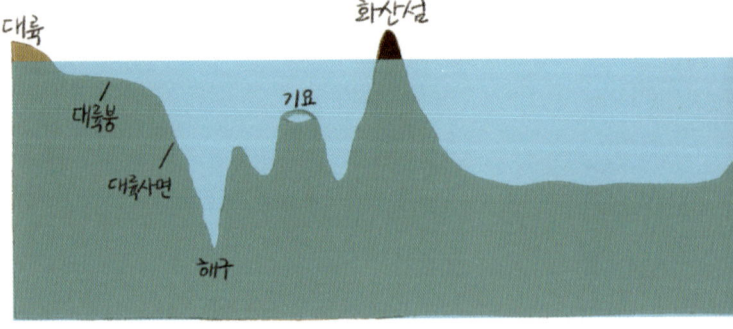

있지만, 대부분은 물속에 있었다. 눈이 휘둥그레진 우리를 보고 천천이가 말했다.

"모두 바닷속 화산활동으로 만들어진 해저화산들이야. 해수면 아래 있으면 '해산', 즉 바닷속에 있는 산이지. 그것이 높이 솟아 해수면 위로 드러나면 화산섬이 되는 거야. 우리가 가는 한국에 있는 제주도, 울릉도, 독도도 화산섬이지."

천천이가 우리 앞에 나타난 해산 이름을 알려 주었다.

"이건 '아리랑평정해산', 저건 '장보고해산', 저 멀리 있는 건 '청해진해산'이야."

콩콩이와 나는 깜짝 놀랐다.

"아니, 우리 벌써 한국에 도착한 거야? 생각보다 빨리 왔네."

천천이가 킥킥 웃었다.

"여긴 아직 필리핀 동쪽이야. 한국은 아직 멀었어. 이런 해산

을 발견해서 국제기구에 등록하면 공식 이름이 되는데, 한국에서 먼저 발견해서 등록한 거야."

콩콩이가 끼어들었다.

"이름을 등록하면 등록한 나라의 것이 되는 거야?"

"재미있는 생각이지만, 이름을 붙인다고 그 나라 영토가 되는 것은 아니야. 하지만 머나먼 곳에 자기 나라의 이름이 붙어 있는 곳이 있다고 생각하면 기분이 좋잖아."

"그렇구나. 나는 섬에만 이름이 있는 줄 알았어. 물속의 보이지 않는 해저 지형에도 이름이 있었다니, 정말 신기하다! 그렇지만 이런 해저 지형에 이름이 필요할까?"

"당근이지. 바다의 지도를 '해도'라고 하는데, 요즘 해도는 아주 정밀해. 그러다 보니 정확한 위치와 통일된 이름이 필요해졌지. 같은 곳을 나라별로 다르게 부른다고 생각해 봐. 혼란이 오지 않겠어?"

"하긴 우리가 사는 상어만을 다른 사람들이 고래만으로 부른다면 헷갈리겠네."

콩콩이와 나는 고개를 끄덕였다.

트랜스포머 타코

"야호! 드디어 한국이다. 제주도가 보이네."

앞장서 가던 천천이가 환호성을 질렀다. 한국에 가까워지니 200미터도 되지 않을 정도로 수심이 얕아졌다. 워낙 깊은 바다를 지나오다 보니 갑자기 너무 얕아진 기분이 들었다.

"우리 원정대 이름을 바꿔야 할 것 같아. '심해원정대'에서 얕은 바다를 뜻하는 '천해원정대'로!"

내 말에 천천이가 킥킥 웃었다.

"여기는 얕지만 동해로 들어가면 다시 깊어져. 그러니 이름을 바꿀 필요는 없어. 하지만 우리가 동해로 가니 '동해원정대'로 바꾸면 어떨까?"

모두 찬성했다.

"그거 좋은 생각이다. 이제부터 우리는 '동해원정대'야."

제주도를 지나 계속 북동쪽으로 올라가다 보니 오른쪽에 커다란 섬이 보였다.

"저건 대마도야. 일본 땅이지. 과거에는 한국 땅이었대. 왼쪽이 한국인데, 한국과 대마도 사이에 있는 바다를 '대한해협'이라고 불러. '해협'은 좁은 바다라는 뜻이야."

역시 천천이는 길잡이로서 최고였다. 천천이가 갑자기 다급하게 소리를 질렀다.

"얘들아, 빨리 도망가! 폭탄이야!"

정말 바다 밑바닥에 시커먼 폭탄이 하나 보였다.

"아이고! 여기에도 폭탄이 있다니. 빨리 달아나자!"

다윈에서의 악몽이 생각나, 콩콩이도 허겁지겁 방향을 틀었다. 그러나 이상하게도 폭탄이 우리 쪽으로 굴러오기 시작했다. 꼭 살아 있는 것처럼 우리가 피하는 대로 요리조리 따라왔다.

"으악! 살려줘! 무슨 이런 괴물 폭탄이 있어! 숨을 데도 없는데 큰일 났다."

바위도 없는 모래 바닥에서 폭탄이 우리를 쫓아다니니 정말 무서웠다. 침착한 천천이마저 어쩔 줄 몰라 허둥지둥했다. 더 이상 도망칠 데가 없어지자 갑자기 천천이가 폭탄을 향해 몸을 돌렸다. 나와 콩콩이는 깜짝 놀라 천천이를 불렀다.

"천천아 왜 그래? 위험해!"

폭탄을 밀어내면서 천천이가 다급하게 소리쳤다.

"빨리 피해!"

그러다가 고개를 갸우뚱거렸다.

"어? 이 폭탄이 이상해! 물렁거려!"

천천이의 말에 기다렸다는 듯이 폭탄이 줄무늬 독사로 변신했다. 깜짝 놀란 천천이가 주춤하는 사이, 이번엔 뱀이 문어로 변했다. 변신한 문어가 능청스레 말했다.

"삼총사, 환영한다. 나는 이 동네 터줏대감 타코라고 해. 놀라게 했으면 미안."

나는 놀란 가슴을 진정시키며 물었다.

"너 정말 대단한 재주꾼이구나. 모양도 바꾸고 색도 바꿀 수 있다니. 도대체 어디까지 변신이 가능한 거야?"

장난기가 가득한 얼굴로 타코가 대답했다.

"나는 트랜스포머야. 생김새와 색깔은 물론이고 주변의 모습을 그대로 따라할 수 있어. 누가 나를 공격하면 아까처럼 독사 모양으로 변하면 돼. 그러면 놀라서 도망가더라고."

"와! 신기하다. 그런데 우리가 삼총사인 건 어떻게 알았니?

내 질문에 주변 바위 모양으로 변신한 타코가 대답했다.

"너희 소문이 자자하잖아. 거북이, 돌고래, 박테리아가 한 팀으로 움직이는 건 '수상한 심해원정대' 삼총사밖에 없지. 셋이서 마그마가 분출하는 해저화산을 탐험했다지? 너희의 무용담이 바다 전체에 소문났어. 모두가 너희의 용기를 부러워해. 정말 반갑다. 너희를 만나서 영광인데 우리 서로 친구 하면 안 될까?"

콩콩이가 신이 나서 대답했다.

"좋지, 너처럼 재미있고 유쾌한 친구는 항상 환영이야."

천천이도 찬성했다.

"나도 좋아. 이 동네 지리도 잘 알 테니 안내를 부탁할게."

타코가 좋다는 표시로 다리로 오케이 모양을 만들며 이야기했다.

"조금 전 천천이의 행동에 감동받았어. 정말 부러운 우정이야. 나도 너희처럼 좋은 친구를 사귀고 싶어."

천천이가 멋쩍은 표정을 지으면서 말했다.

"우리는 몇 차례 힘든 고비를 서로의 도움과 우정의 힘으로 이겨 냈지. 그래서 이번 모험에서 마주칠지 모르는 어떤 어려움도 두렵지 않아."

"그렇구나. 거기에 나도 끼워 줘서 고마워. 너희의 이번 목적지는 어디니?"

타코가 앞장서면서 물었다.

"독도에 사는 독우라는 새우 친구가 초청장을 보내서 그쪽으로 가는 중이야. 이제 거의 다 온 거지?"

"흠, 그래……? 독도를 가려면 울릉도를 거쳐야 해. 내가 잘 아는 길이니 나만 따라와."

타코가 자신 있게 앞장서면서 안내했다. 모두가 낯선 풍경에 들떠 신이 나서 떠들어 댔다.

"왼쪽에 보이는 언덕이 부산 해운대 '달맞이고개'야. 여기가 남해와 동해의 경계지. 여기서부터 '울릉분지'라는 깊은 바다로 이어져. 일본에서는 '쓰시마분지'라고 하지. 일본에서는 동해도 '일본해', 독도도 '다케시마'라고 부르고 있어."

"울릉분지? '울릉'은 울릉도에서 온 이름 같은데, '분지'는 뭐지? 그리고 쓰시마는 뭐야? 한국말이 아닌 것 같다."

나는 처음 듣는 말이었다. 타코가 비시시 웃었다.

"분지는 세숫대야처럼 주변이 높은 지형으로 둘러싸인 움푹하고 낮은 지형이야. 바다에 있는 것을 해저분지라고 하지. 울릉분지는 매우 깊어서 수심이 거의 2,000미터 정도 돼. 그렇지만

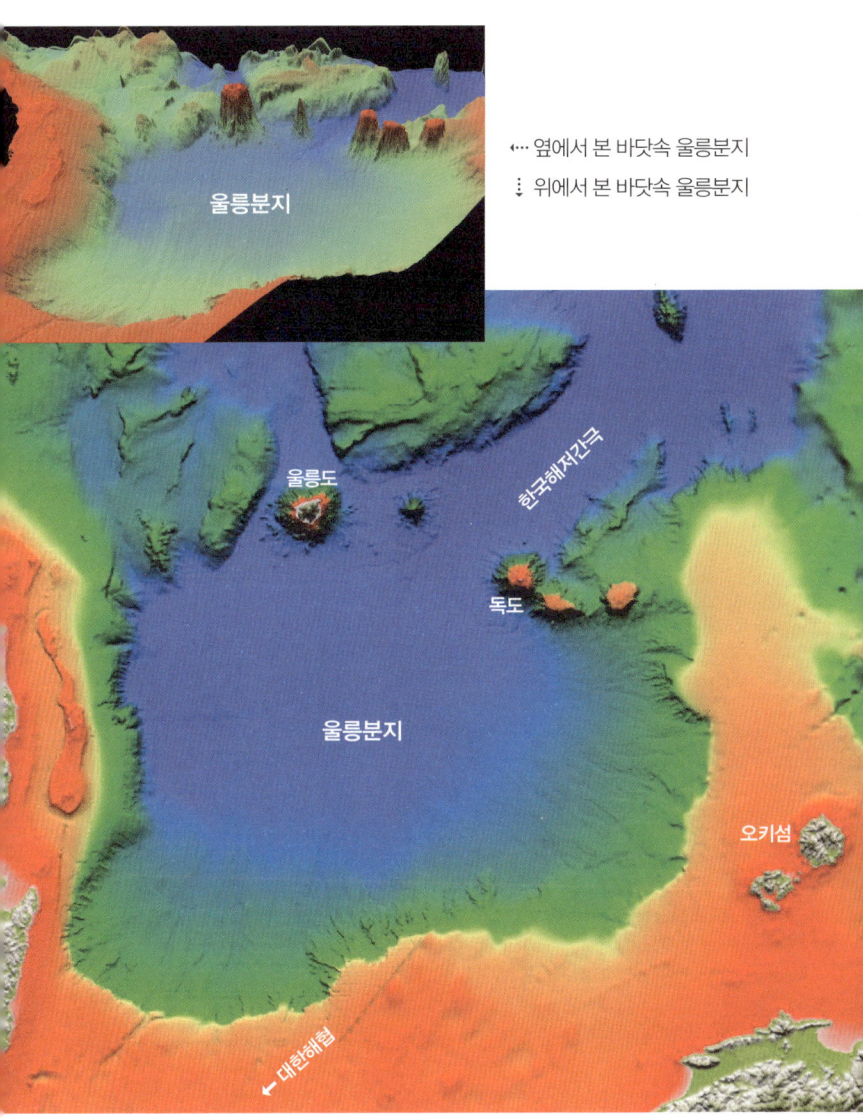

‹… 옆에서 본 바닷속 울릉분지
⋮ 위에서 본 바닷속 울릉분지

바닥은 거의 평탄해. 쓰시마는 대마도의 일본말이야. 방금 지나온 대한해협도 일본에서는 '쓰시마해협'이라고 불러."

울릉분지는 평온해 보였지만 여러 곳에 무언가 사태가 난 흔적이 보였다. 우리가 궁금해하는 것을 알고 타코가 설명했다.

"저건 해저사태의 흔적이야. 바닷속에서 사태가 난 건데, 동해에 흔해. 지진이나 해저의 가스층 때문이라고 들었어."

"지진으로 사태가 나는 것은 알겠는데, 가스층은 뭐야?"

타코의 대답은 흥미로웠다.

"바다 밑 땅속에는 고체, 즉 얼음 형태의 가스층이 있어. 메탄이라는 가스가 묻혀 있는 것인데, 지진이나 침식으로 지표면 가까이 올라오면 기체로 변하면서 부피가 엄청 커져. 그때 사태가 일어나지. 그런데 기체인 메탄가스가 왜 고체인 얼음으로 되어 있는지는 나도 몰라."

내가 한마디 거들었다.

"그건 '가스하이드레이트'라고 하는 거야. '얼어 있는 가스'라는 뜻이지. 생물이 죽으면 우리 박테리아들이 분해해서 메탄이 되는데, 이게 깊은 바다 밑에 묻히면 엄청난 압력과 낮은 온도에 의해 메탄얼음으로 된다는 얘기를 들은 적이 있어."

"메탄이면 불붙는 가스?" 천천이가 나에게 물었다. 나는 고개를 끄덕였다.

"정말 이 밑에 메탄가스 얼음층이 있다는 얘기네! 놀랍군."

다음 날 아침 멀리 울릉도가 보이기 시작했다. 타코의 안내는 계속되었다.

"저기 높은 산이 '성인봉'이야. 울릉도에서 가장 높은 산인데 높이가 무려 984미터나 되어서 어디서나 잘 보여."

우리는 울릉도 풍경에 감탄했다. 화산이 만든 지형은 아주 독특했다. 우리가 살던 호주 상어만은 평탄해서 이렇게 뾰족하게 생긴 바위를 볼 수 없었다.

천천이가 타코에게 물었다.

"울릉도는 화산섬이지? 독도도 화산섬인 걸로 알고 있는데, 어느 섬이 먼저 생겼는지 아니?"

"그거 좋은 질문이네. 먼저 생긴 섬이 형님이겠지? 울릉도가 독도보다 훨씬 크니 먼저 생긴 형님으로 알기 쉬운데 실은 독도가 훨씬 먼저 생겼어. 둘 다 해저화산으로 만들어졌지만 울릉도의 나이는 250만 년이고, 독도의 나이는 460만 년 정도 된대. 독도의 나이가 거의 두 배야."

우리는 깜짝 놀랐다. 당연히 울릉도가 먼저 만들어졌을 거라 막연히 생각했기 때문이었다. 하지만 다시 생각해 보면 크다고 반드시 먼저 생겨야 할 이유는 없었다. 타코가 한마디 덧붙였다.

"너희들 제주도 지나왔지? 그 섬은 훨씬 더 나중에 생긴 거야. 그리고 울릉도를 사화산(더 이상 화산활동을 하지 않는 화산)으로 알고 있는데, 사화산이 아닐 거라고 생각하는 전문가도 있어. 약 5,000년 전에도 화산활동이 있었다고 해. 즉 아직도 마그마가 활동 중이라는 뜻이야. 5,000년 전이면 아주 오랜 옛날 같지만, 울릉도 나이에 비하면 아무것도 아니지."

나는 킥킥 웃으면서 한마디 했다.

"맞아, 나이나 크기가 중요한 게 아니야. 내가 제일 작지만 삼총사의 최고 형님인 거나 마찬가지지."

천천이와 콩콩이가 빙그레 웃었다. 타코도 어이없는지 따라 웃었다.

"맞아, 작은 고추가 맵지. 그건 그렇고 콩콩이와 시아가 앞장서서 먼저 독도로 갈래? 나는 천천이와 느긋하게 뒤를 따라갈게. 천천이가 장거리 여행에 힘들어하네. 중간에 섬이 없으니 쉴 곳이 없어서 그런가 봐."

사실 그랬다. 천천이는 끈기는 있지만 콩콩이처럼 빨리 헤엄치지 못해서 우리는 가다가 기다리는 경우가 많았다. 천천이도 동의한다는 뜻으로 고개를 끄덕였다. 나는 천천이에게 물었다.

"천천아, 괜찮겠어? 우리가 먼저 가서 너를 맞이하도록 할게. 그럼 천천히 따라와."

천천이가 우리더러 먼저 가라는 뜻으로 앞발을 위아래로 흔들었다. 헤어지기 전에 타코가 마지막으로 길 안내를 했다.

"독도는 여기서 남동쪽으로 쭉 가면 돼. 그렇게 안 멀어. 불과 87킬로미터 거리니까 반나절이면 갈 수 있을 거야. 거기서 만나자."

콩콩이와 나는 앞장서서 독도를 향해 푸른 바다를 헤쳐 나아갔다. 몇 시간이 지난 후, 저녁 햇살이 내려앉은 두 개의 멋진 섬이 나타났다. 우리는 동시에 외쳤다.

"독도다!"

사라진 천천이

"어서 와. 한국은 처음이지?"

씩씩하게 생긴 새우가 자신을 독우라고 소개하며 우리를 환영했다. 다른 새우들도 함께 꼬리를 흔들어 반가움을 표시했다.

"먼 길 오느라 수고했다. 그런데 천천이가 보이질 않네. 같이 안 왔어?"

"곧 올 거야. 너무 먼 거리인 데다 우린 속도가 더 빨라서 조금 일찍 도착했어. 섬 구경 좀 시켜 줄래?"

"물론이지. 너희 온다고 환영 행사도 준비했고 독도 관광도 계획했어. 혹시 궁금한 게 있으면 물어봐."

"우리는 독도가 조그만 바위섬인 줄 알았는데 제법 큰 섬이더라고. 물밑에서 보니 몸통이 엄청나게 컸어. 여긴 수심이 아주 깊은 곳인데 이런 거대한 화산이 있다니 믿기지 않아."

"맞아, 잘 봤어. 깊은 동해 한가운데에 솟은 멋진 화산섬이야. 두 개의 큰 섬과 작은 바위섬들이 바다 위로 솟아 있어. 두 개의 큰 섬은 동도와 서도라고 해. 제일 높은 곳은 서도의 '대한봉'으로 168미터야."

콩콩이도 궁금한 게 많다는 듯 끼어들었다.

"섬 이름이 왜 독도야? 이유가 있니?"

"원래 사람들이 돌로 된 섬, 즉 돌섬이라는 뜻에서 '독섬'이라 불렀다고 해. '독'은 돌의 사투리야. 그러다가 섬을 한자인 '도'로 쓰면서 독도가 되었지."

"여기를 '다케시마'라고도 부른다던데?"

콩콩이의 질문에 조용히 대답하던 독우의 목소리가 갑자기 높아졌다.

"너, 그 얘기 어디서 들었니? 여기는 '대한민국 경상북도 울릉군 울릉읍 독도리'야. 그건 일본이 자기네 영토라고 생떼를 쓰면서 만든 엉터리 이름이지."

갑자기 커진 독우의 목소리에 주눅이 든 콩콩이가 기어들어 가는 목소리로 대답했다.

"여기 오다가 만난 문어가 그렇게 말했어. 나야 잘 모르지."

독우는 우리에게 할 말이 많은 듯했다. 하지만 모처럼 왔으니 간단히 섬부터 소개해 주겠다고 했다. 독우는 우리를 데리고 섬의 동쪽인 동도로 갔다. 동도에는 배를 대는 선착장도 있고, 멋진 등대도 있었다.

"저기 아치처럼 생긴 바위는 뭐야"

내 질문에 독우가 대답했다.

"'독립문바위'야. 서울에 있는 독립문처럼 생겼다고 해서 붙은 이름이지. 파도에 침식되어 만들어진 거래."

나는 갑자기 친구를 소개해 주겠다는 독우의 초청장이 생각났다. 그래서 박테리아 친구를 소개해 달라고 부탁했다. 독우가 웃으며 말했다.

"역시 시아는 박테리아를 챙기네. 독도에는 아주 특별한 박테리아가 많아. 특히 처음으로 발견된 것들이 많지. 그중에 일부는 멀리 우주까지 갔다 왔어."

나는 이해가 가지 않았다. 우주라니, 갑자기 무슨 뚱딴지같은 소린지 궁금했다. 하지만 독우의 진지한 표정을 보니 농담은 아닌 것 같았다.

"잘 이해가 가지는 않지만, 그 친구들을 만나 볼 수 있을까?"

"물론이지. 나중에 소개해 줄게. 아주 대단한 친구들이야."

나는 당장 만나지 못해 아쉬웠지만 아마도 다른 사정이 있으리라 생각했다. 궁금증을 뒤로 미루고 나는 다른 질문을 했다.

"독도새우는 독도에만 있니? 다른 곳에는 없는 거야?"

"이 넓은 바다에 독도에만 사는 것은 아니지. 우리는 동해 여러 곳에 사는데 여기에 특히 많아. 여기는 한류와 난류, 즉 찬물과 따뜻한 물이 만나는 곳이라 먹이가 많아서 생물들에게 인기 있는 곳이지."

시간이 제법 지났는데도 천천이는 도착하지 않았다. 우리는 걱정이 되기 시작했다.

"독우야 천천이가 올 시간이 넘었는데 아직 안 오네. 사고 났을까 걱정된다. 좀 알아봐 줄래?"

독우가 시원스럽게 대답했다.

"오케이. 여긴 오징어가 많으니 걔들이 잘 알 거야. 알아봐 달라고 할게."

그사이 해가 저물어 밤이 되었다. 오징어가 보낸 소식은 실망스러웠다. 천천이를 보지 못했다는 것이었다. 나는 고개를 갸우뚱거렸다.

"이상하다. 천천이는 우리를 호주에서부터 안내한 길잡이인데, 길을 잃었을 리가 없는데…….."

갑자기 새우들이 시끄러워지기 시작했다. 독우가 심각한 표정으로 나타났다.

"오키섬에서 연락이 왔어. 천천이가 거기 있대."

"아니 왜 거기로 갔지? 그런데 오키섬은 어디야? 들어 봤던 이름인데. 우릴 초청한 곳 아닌가?"

놀란 우리에게 독우가 침착한 표정으로 답변했다.

"오키섬은 일본 땅이야. 여기서 150킬로미터가 넘는 거리지. 울릉도에서 독도 거리의 두 배야. 그런데 아까 천천이가 누구랑 같이 온다고 했었지? 그게 누구야?"

내가 대답했다.

"오다가 대한해협 부근에서 만난 문어인데 타코라고 해."

독우가 이제 알겠다는 듯이 고개를 끄덕이며 말했다.

"혹시 걔가 납치한 게 아닐까?"

콩콩이가 고개를 흔들었다.

"그럴 리가 없어. 남을 의심하면 안 돼. 그 친구 착해 보이던데. 만약 납치라면 누군가가 타코까지 납치한 거겠지."

"역시 콩콩이는 착하고 순진해. '타코'는 일본말로 문어야. 게다가 오키섬 대장이지. 아마 처음부터 너희를 노렸을걸? 너희들

이상한 것 못 느꼈니?"

갑자기 눈앞이 환해지는 느낌이 왔다. 그간에 뭔가 찜찜했던 것이 확실해지는 순간이었다.

"맞아! 타코가 우리에 대해 너무 잘 알고 있었어. 우연히 만난 게 아니었구나. 그러고 보니 자진해서 먼 길을 안내하겠다는 것도 이상했고."

"또 다른 건 없었니?"

독우의 질문에 다시 생각해 보니 그간 타코의 행동이 이해가 갔다.

"지역 명칭을 이야기할 때 꼭 일본 이름도 같이 소개했어. 쓰시마해협, 쓰시마분지 그리고 다케시마! 그런데 우리가 여기 오는 걸 어떻게 알았을까?"

"내 의견은 이래. 내 초청장을 콩콩이가 받았지? 콩콩이만 알았을까?"

독우의 추리는 날카로웠다. 상황이 대강 짐작되었다. 내가 콩콩이에게 말했다.

"콩콩아. 네가 말한 소리를 전달하는 '소파층'은 모두에게 열린 거지? 아무나 들을 수 있지?"

이제야 이해가 간다는 듯 콩콩이가 고개를 끄덕였다.

"그렇구나. 일본 애들이 독우의 초청장을 해킹해서 자기들도 부랴부랴 만들어 보낸 거네. 우리가 오키섬 대신에 독도를 먼저 간다니까 화가 나서 납치한 모양이군. 빨리 출발하자. 구하러 가야지."

콩콩이는 앞뒤 재지 않고 일부터 벌이는 스타일이었다. 벌써 저만큼 앞서서 헤엄치기 시작했다. 독우가 기가 차다는 듯 고개를 저었다.

"야, 이 덜렁아! 내 별명이 '빨리빨리'야. 누구보다도 성질이 급한 편인데 넌 나보다 더하네. 혼자 가면 어떡해. 길도 모르잖아. 시아도 버리고 갈 거야?"

콩콩이도 아차 싶었는지 되돌아왔다.

"아고고, 미안해. 천천이가 잡혔다는 소식에 마음이 급해서. 그런데 내 별명은 어떻게 안 거야? 내가 진짜 덜렁거리긴 하는가 보다."

독우는 의외로 차분했다.

"너희 삼총사 우정이 정말 부럽다. 성격이 까칠한 나도 감동했어. 그런데 생각 좀 해 보자. 왜 천천이만 납치했을까?"

독우의 말에 일리가 있었다. 아무리 생각해도 우리를 초대해 놓고 천천이만 납치한 게 이해 가지 않았다. 독우가 계속 말을 이어 갔다.

"나도 잘 모르겠지만, 여기엔 거대한 음모가 있는 것 같아. 너희가 오는 것을 미리 알고 있던 타코가 너희 일행을 분리한 거잖아?"

타코의 계획이 뭔지 알 수 없었지만 독우는 즉시 행동을 개시했다.

"새우부대 집합! 우리의 친구 호주 삼총사 천천이를 구하러 출동한다. 소파층으로 출동 명령을 전달해라."

나는 깜짝 놀랐다.

"아니, 소파층으로 공개적으로 출동 명령을 내리면 타코도 알게 될 거잖아. 기습 작전은 은밀해야 하는데 이상한데?"

독우는 여유만만했다.

"염려하지 마. 내 나름대로 작전이 있어. 여긴 우리 동네이니 내 말을 믿어 줘."

그러면서 독우는 따로 부하를 불러 귓속말로 무언가를 지시했다.

"오징어들에게는 네가 직접 가서 전달해."

우리의 대답을 기다리지도 않고 독우가 앞장섰다.

"출발한다, 오키섬으로!"

새우부대

독우가 소집한 새우부대는 세 개 중대로 되어 있었다. 제1중대는 닭새우로 구성된 부대인데 머리에 닭 벼슬 같은 것이 돋아나 있었다. 제2중대는 꽃새우부대인데 한국에서 인기 있는 새우과자 모양이라고 한다. 제3중대가 독우와 같은 종류인 도화새우부대였다. 거의 천 마리에 가까운 새우부대가 정렬한 모습은 믿음직스러웠다. 콩콩이와 나는 독우와 함께 맨 앞에 섰다.

"정말 멋지다. 이 정도면 오키섬 납치범을 혼내 주고 천천이를 구해 올 수 있겠네. 그런데 작전이 뭐야?"

"우리 독도새우 전투력은 새우 중에 가장 강해. 그리고 방금 들어온 정보에 의하면, 천천이는 갈치부대가 감시하고 있나 봐.

기습으로 걔들을 혼란에 빠뜨리고 천천이를 구해야지. 이미 선발대를 보냈어. 조금 있으면 소식이 올 거야."

독우가 오키섬에 대해 설명했다.

"오키섬도 울릉도나 독도처럼 화산섬이야. 일본 본토에 있는 시마네현에 속해 있어. '현'은 한국으로 치면 군이야. 우선 천천이가 있는 곳을 아는 것이 중요해. 그리고 적이 모르게 접근해서 기습을 하는 거야."

독우는 시마네현에 대한 지식이 상당히 풍부한 것 같았다. 나는 잘 이해가 가지 않아서 물어보았다.

"아, 그럼 일본이 자기 것이라 주장하는 다케시마도 시마네현 소속이라는 거네. 독도는 한국 영토로 알고 있는데 왜 그런 말을 했을까?"

"너는 머나먼 호주에서 와서 이유를 잘 모르겠지. 조금 지나면 알게 될 거야."

독도를 출발한 지 얼마 되지 않아 거대한 해저화산이 나타났다. 크기가 거의 독도만 했다. 독우가 설명했다.

"심흥택해산이야. 심흥택은 조선시대 울릉군수였는데, 그 사람이 독도라는 이름을 처음 사용했대. 독도에 집적대는 일본 관리들을 혼내 주기도 했어."

오키섬을 향해 동쪽으로 조금 더 가니 다른 해산이 나타났다. 둘 다 꼭대기가 평평한 해산이었다. 크기도 서로 비슷했다.

"이건 이사부해산이야. 이사부는 신라시대 장군이었는데 우산국을 정벌해서 조공을 받도록 만든 분이지. 하지만 우산국이 실제 우리 영토가 된 건 고려시대부터야."

나는 처음 듣는 역사에 흥미를 느꼈다.

"그러면 예전에 울릉도에 왕국이 있었다는 말인가? 독도는 우산국의 땅이었고?"

"바로 그거야. 독도는 '우산도'라고도 불렸어. 100여 년 전에 일본이 '대한제국'이었던 우리나라를 식민지로 점령하면서 독도도 자기 영토로 만들었지."

우리는 계속 남동쪽으로 헤엄쳐 갔다. 새벽녘에 멀리 섬이 보

이기 시작했다. 오키섬은 화산도여서 울릉도처럼 뾰족한 지형들이 많았다. 독우가 조용히 속삭였다.

"자, 이제부터 최대한 조용히 접근해야 해. 천천이가 있는 곳을 알아냈어. 섬의 남쪽인데 애들 본부는 서쪽에 있어. 우리 중에 가장 전투력이 강한 제1중대 닭새우부대는 오키섬 사령부를 기습 공격하고, 우리는 남쪽으로 접근해서 천천이를 구할 생각이야. 제2중대 꽃새우부대는 뒤에 숨어 있다가 닭새우부대를 지원하게 할 거야."

나는 부대를 일사불란하게 지휘하는 독우를 보며 감탄했다. 문득 의문이 생겼다.

"넌 어디서 그런 정보를 얻는 거야? 천천이가 갇힌 곳도 알고, 오키섬 부대 배치도 환하네?"

독우가 대답했다.

"독도를 노리는 일본의 전진기지가 오키섬이야. 내가 오래전부터 스파이를 침투시켜서 이곳 상황을 보고받고 있어. 다만 천천이 납치 사건은 아주 극비로 진행되었나 봐. 나도 미리 알지 못했어. 손님을 초대했는데 이런 일이 벌어져서 미안해."

이번에는 조용하던 콩콩이가 한마디 했다.

"걱정하지 마. 우린 우리의 힘만으로 더 어려운 상황도 극복

했어. 여기 이렇게 도와줄 친구들이 많은데 삼총사의 위력을 보여 줄 기회이지. 이 콩콩이 형님의 힘도 보여 주고."

독우가 다시 자세하게 상황을 설명했다.

"첩보에 의하면 오키섬 사령부는 우리가 오늘 오후쯤 도착할 것으로 알고 있대. 실은 내가 출발 전에 소파층을 통해 내린 소집 명령에 오늘 아침에 출발한다고 거짓 정보를 흘렸거든. 얘들이 한국의 '빨리빨리'를 잘 모르는 거지. 지금이 새벽이니 기습할 수 있는 절호의 기회야."

독우는 닭새우부대에게 오키섬 사령부를 공격하도록 명령했다. 그동안 우리는 남쪽으로 접근해서 천천이가 납치된 곳으로 이동했다.

오키섬

갑자기 우리 앞에 처음 보는 문어가 나타났다. 깜짝 놀란 콩콩이가 공격 자세를 하자 독우가 얼른 와서 우리를 말렸다.

"얘는 우리 편이야. 내 친구인데 아까 말한 스파이야."

문어가 다가와 인사했다.

"안녕, 내 이름은 시마네야. 원래 울릉도가 고향인데 오키섬에 침투하려고 일부러 일본 이름으로 바꿨지. 환영한다, 삼총사. 아니 천천이가 빠졌으니, 이총사."

우리도 반갑게 인사를 했다. 시마네는 천천이가 갇힌 곳으로 우리를 안내하면서 독우에게 은밀히 말했다.

"천천이가 갇힌 곳의 지형이 좀 특이해. 공격하기는 어렵고 방어하기 쉬운 곳이지."

나는 무척 궁금해져서 독우에게 물었다.

"무슨 비밀이 그렇게 많아? 뭐가 어떻게 돌아가고 있는데?"

"아, 미안! 너희들에게 여태 말을 안 한 건 비밀 유지 때문이었어. 그건 너희를 못 믿어서가 아니야. 우리끼리의 대화도 실수로 소파층을 타면 상대편에게 전달되니까 조심하느라 그랬어. 그리고 천천이가 갇힌 곳은 해저분화구야. 갈치들이 천천이를 감시하고 있다고 해. 그래서 오징어 수백 마리가 들키지 않게 우리 뒤를 따라왔지. 걔들이 갈치 무리를 흩트려 놓을 거야."

갈치와 오징어라고? 나는 의아했다.

"갈치들이 오징어를 잡아먹으려고 할 텐데, 너무 위험해."

"나도 알아. 하지만 수백 마리의 오징어가 갑자기 몰리면 정신을 못 차릴 거야. 게다가 오징어들이 시야를 막는다면, 서서 헤엄치는 갈치들은 앞을 보려고 위로 올라갈 테지. 그 틈에 천천이를 구하면 돼."

"옳거니. 그거 좋은 작전이다. 나머지 호위병은 나와 콩콩이 몫이지."

독우가 콩콩이에게 물었다.

"콩콩아. 네가 덩치 크고 빠른 건 알겠는데 주무기는 뭐니?"

콩콩이가 자랑스럽게 대답했다.

"내 원래 이름은 '돈고래'야. 돈은 돼지라는 뜻이지. 우리 코가 돼지 코처럼 튀어나와서 그렇대. 우리 코는 엄청 단단해. 우리가 떼로 몰려가서 들이받으면 상어도 도망갈 정도야."

친구를 구할 수 있다는 생각에 콩콩이는 아주 흥분한 것 같았다. 콩콩이의 단단한 근육이 팽팽하게 조여 오는 것을 느낄 수 있을 정도였다. 독우가 뒤에서 나타난 오징어부대에게 "오징어부대 돌격!" 하고 명령을 내렸다.

갑자기 나타난 오징어 떼에 갈치들이 신이 나서 분화구 위로 솟아올랐다.

"이게 웬 떡이냐? 우리가 좋아하는 오징어잖아? 빨리 가서 잡자."

그 순간 독우의 신호에 따라 오징어부대가 한데 모이더니 먹물을 뿜어 대기 시작했다. 수백 마리가 동시에 뿌린 먹물 때문에 주변이 순식간에 암흑으로 변했다. 한 치 앞도 보이지 않았다. 갈치들이 혼란에 빠져 허둥댔다. 엉망진창으로 서로 부딪히고 야단법석이었다. 이 틈을 타고 콩콩이는 빠르게 분화구 안으로 헤엄쳐 들어갔다. 분화구 속에 천천이가 보였다. 갈치 몇 마리가 천천이 주변에 있었다. 콩콩이가 꼬리를 탁탁 치며 소리쳤다.

"이 녀석들아 비켜라! 내 코에 받히면 크게 다친다."

갑자기 나타난 덩치 큰 콩콩이에 놀란 갈치들이 허둥지둥 달아났다. 멀리 흩어진 갈치들 사이로 콩콩이가 유유히 헤엄치며 돌아왔다. 천천이가 짧은 다리를 허우적거리며 다가왔다. 그런데 천천이의 반응이 의외였다.

"아니, 너희들 웬일이야? 갈치들은 왜 쫓아냈어?"

우리는 놀라서 서로 얼굴만 쳐다보았다.

"천천아, 너 납치된 것 아니었어? 우리는 널 구하러 왔는데……."

내 말에 천천이가 이제야 알겠다는 듯이 고개를 끄덕였다.

"그런 거였구나. 여기까지 오게 해서 미안해. 타코랑 재미있는 이야기를 하다가 오키섬까지 오게 되었어. 타코에게 소파충으로 내일 독도에 가겠다고 전해 달라 부탁했는데, 전달이 안 됐나 봐."

독우가 낭패스러운 표정으로 말했다.

"그랬구나. 우리는 그 소식을 받지 못해서 오해했어. 어쨌든 안전해서 다행이다. 빨리 오키섬 공격을 멈추라고 해야지."

우리는 분화구를 벗어나 오키섬 사령부 쪽으로 이동했다. 독우가 천천이에게 고생하지 않았는지 물었다.

"응, 그런대로 대우는 좋았어. 날 친절하게 대해 줬거든. 그런데 갑자기 나타난 너희를 보니 안 좋은 예감이 드네. 혹시 내가 미끼가 된 게 아닐까 싶어."

독우가 고개를 갸우뚱했다.

"아니, 그게 무슨 소리야? 미끼라니? 우리가 이곳에 온 게 함정이라는 얘기야?"

"나도 확실하지는 않아. 그런데 뭔가 찜찜해."

신중한 성격의 천천이의 말이니 생각해 볼 여지가 있었다. 하지만 먼저 오키섬 사령부 공격을 중지시키는 일이 급했다. 닭새우부대 중대장이 우리를 반겼다.

"독우 대장님, 마침 잘 오셨습니다. 여긴 아무도 없는데요?"

주변을 살펴보니 저 멀리 타코가 보였다. 갈치부대 몇 마리가 타코를 호위하고 있었고 타코는 재미있다는 표정으로 우리를 보고 있었다. 독우가 얼떨떨한 얼굴로 타코에게 사과했다.

"타코야 미안해. 갑자기 공격해서. 우리는 천천이가 납치된 줄 알았어."

타코가 갑자기 커다란 하트로 변신하면서 말했다.

"우리는 평화를 사랑해. 납치 같은 걸 할 리가 있겠니?"

겸연쩍은지 독우가 멋쩍은 미소를 지었다. 기가 팍 죽은 독우가 타코에게 다시 사과했다. 타코가 콩콩이에게 물었다.

"우리는 먹물 때문에 앞이 잘 안 보였는데, 너는 어떻게 정확하게 공격하니?"

"우리는 초음파를 이용해. 마치 박쥐가 어두운 동굴 속에서 부딪치지 않고 날아다니는 것과 같지. 캄캄해도 앞에 뭐가 있는지 알 수 있지."

"그랬구나. 먹물에 초음파……. 어쨌든 너희들 대단하다. 모처럼 왔으니 대화나 하자. 너희에게 하고 싶은 말이 있거든."

우리는 타코의 제안을 받아들였다. 그사이에 독우는 새우부대를 정렬시켰다.

"새우부대, 중대별로 대열을 갖춰라."

새우부대가 가지런히 대열을 맞추어 섰다. 그 모습에 타코가 감탄했다.

"정말 대단한 부대네. 이렇게 훈련이 잘된 부대는 처음 봐. 그나저나 내가 신뢰하던 시마네가 너희 쪽 스파이였다니, 정말 놀랐어. 역시 우리 문어들은 머리가 좋아. 스파이는 머리가 좋아야 하잖아."

고개를 끄덕이던 타코가 조용히 혼잣말하듯 중얼거린 것도 그때였다.

"하지만 시마네가 모르는 정보도 있지."

타코의 태도에 뭔가 이상함을 느낀 천천이가 나섰다.

"타코야, 하고 싶은 말이 뭐야? 그게 우리 삼총사와도 관계있니?"

갑자기 타코의 표정이 진지해졌다. 그리고 선언하듯 말했다.

"나는 다케시마가 우리 땅이라는 것을 세계에 알리고 일본 영토로 만들 생각이야. 삼총사는 중요한 증인이지. 왜냐하면 아주 유명하니까. 너희들이 내 말을 듣고 나면 한국이 다케시마를 독도라고 하면서 불법으로 점령한 사실을 알게 될 거야. 천천이를 강제로 납치한 건 아니지만 진실을 알리려고 얼렁뚱땅 속여서 이리 데려온 건 맞아. 그래야 너희가 놀라서 이리로 구하러 올 테니까."

나는 화가 났지만 침착하게 대답하려고 애썼다.

"좋아. 그러면 여기 독우도 있으니 양쪽 말을 다 들어 보자. 우리가 판사가 되어 주지. 우리는 먼 곳에서 왔으니 공정하게 판단할 수 있을 거야. 그런데 초청장은 왜 보낸 거니?"

"원래는 너희를 이용해서 다케시마가 우리 땅이란 것을 알리려 했어. 그런데 너희가 독우에게 먼저 간다고 해서 천천이를 데려온 거야. 독우는 틀림없이 독도가 한국 땅이라고 주장할 거고,

그러면 너희가 내 말을 안 믿을 테니까. 그렇지만 아무 상관도 없는 이 사건에 휘말리게 된 천천이에게 사과할게."

천천이가 기가 막힌다는 표정을 지었다.

"그러면 유괴에 가깝네. 유괴는 범죄야. 어쨌든 사과는 받아 주지. 자, 그럼 타코야 뭐가 억울한지 말해 봐."

독도는 어느 나라 땅?

타코가 기회가 왔다는 듯이 말을 쏟아붓기 시작했다.

"다케시마 문제도 있지만, 우선 일본해 명칭부터 해결해야 해. 이 바다는 일본해야. 어떻게 동해가 될 수 있니? 18세기 말부터 유럽에서는 일본해라는 명칭으로 널리 알려졌어. 그리고 제일 중요한 건 바다의 이름을 정하는 국제수로기구에서 정식으로 발행한 세계지도에 일본해로 되어 있지. 한국이 떼를 쓰고 있는 거야."

타코는 자신만만했다. 심판을 보는 천천이가 독우에게 발언 기회를 주었다.

"맞아. 1929년에 국제수로기구에서 만든 해도에 '일본해'로 실려 있어. 그런데 일본이 한국을 식민지로 만든 건 그 이전인 1910년이야. 이미 나라가 없어진 한국은 억울했지만 그런 국제기구에서 어떤 발언도 할 수 없었지. 다행히도 일본이 전쟁에 져서 한국이 해방되었지. 그 후부터 한국은 국제수로기구에 원래의 바다 이름으로 바꿔 달라고 끊임없이 요청한 거야."

천천이가 다시 독우에게 물었다.

"그럼 오래전에는 일본해가 아니었니?"

"한국에서는 아주 오래전부터 동해로 불렸어. 아까 타코가 말한 18세기보다 훨씬 전인 16세기에 서양의 세계지도에는 '한국해', '조선해', '동양해', '작은 동해', '일본해' 등으로 제각각 표기되었어. 일본이 한국을 강제로 식민지로 만들고서 마음대로 한 거지. 실제로 서양의 옛날 지도를 보면 '일본해'보다 '동해'로 표기된 게 더 많아."

독우의 설명에 할 말이 없어진 타코가 씩씩거렸다.

"일본이 한국보다 크기가 더 크잖아. 그러니 일본해라고 해야 해. 우리가 덩치가 더 큰 형님이니까."

그 소리에 독우가 의미심장하게 웃었다.

"타코야. 일본은 섬나라지?"

타코가 웬 시시한 소리냐는 표정으로 대답했다.

"너 어떻게 된 거 아니야? 그런 걸 질문이라고 하게."

독우가 아주 흥미진진한 이야기를 시작했다.

"원래 일본은 한국의 동쪽 일부가 떨어져 나가서 만들어진 섬이야. 즉 일본이라는 땅은 옛날 지질시대에는 없었고 한국의 일부에 불과했지. 한국에서 떨어져 나간 후에 화산으로 섬이 더 커진 거야. 네가 일본해라고 주장하는 바다는 결국 일본이 한국에서 떨어져 나가면서 새롭게 생긴 바다야.

처음 듣는 소리에 타코가 당황하는 게 보였다. 독우가 타코에게 결정타를 날렸다.

"'한국 동쪽에 새로 생긴 바다'를 뭐라고 부르는 게 좋을까? '동해'가 맞잖아. '일본해'는 말이 안 되지? 한국이 일본에서 떨어져 나간 게 아니니까. 게다가 그런 식의 억지를 부린다면 한국에서 떨어져 나간 일본도 한국 땅이지."

나는 깜짝 놀랐다.

"동해가 원래 바다가 아니었다고?"

내 어리둥절한 표정에 독우가 설명을 이어 갔다.

"동해라는 바다는 원래 없었어. 아주 오래전에 한반도에서 일본이 떨어져 나가면서 만들어진 거지. 울릉도, 독도, 오키섬 모두가 동해가 벌어지면서 만들어진 화산섬이야."

"그럼 그게 언제인데?"

궁금한 건 못 참는 나는 질문 공세를 이어갔다.

"약 2,500만 년 전쯤이야. 그때 동해가 생기기 시작했지. '새로운 바다'가 열린 거야. 다시 말하자면 그 새로운 바다가 한국의 동쪽에 있는 바다, 바로 동해야."

독우가 다시 쐐기를 박았다.

"최근에 국제수로기구에서 일본해라는 명칭에 문제가 있다는 것을 인정해서 바다 이름을 아예 숫자로 표기하기로 했어. 즉 동해도 아니고 일본해도 아니게 된 거지. 한국은 동해와 일본해를 같이 쓰자고 양보했는데 일본이 끝까지 거부했어."

잔뜩 약이 오른 타코의 피부가 트랜스포머답게 붉으락푸르락 계속 변했다. 분을 참는 듯 한참 있다가 본론을 꺼냈다.

"좋아, 그건 그렇고. 진짜 중요한 건 다케시마 문제야. 다케시마가 일본 땅이라는 명백한 증거가 있어. 독우가 아무리 똑똑해도 증거 앞에서는 할 말 없을걸?"

타코는 독우의 반박에 잔뜩 주눅이 드나 싶더니 다시 자신 있는 표정으로 돌아왔다. 흥분한 듯 위협적인 뱀 모양으로 변신했다. 천천이가 다시 사회자로 돌아왔다.

"좋아. 공정한 판단을 위해 우리는 듣기만 할 터이니 너희 둘

이 번갈아 가면서 논쟁을 해 봐."

천천이는 누가 봐도 공정한 심판이었다. 타코가 먼저 발언을 했다.

"1905년에 일본 시마네현 어부들이 무인도를 발견했다고 시마네현 지방정부에 보고했어. 그리고서 그 섬을 일본 영토로 선언하고 '다케시마'라고 불렀지. 즉 주인 없는 섬을 발견해서 먼저 등록을 한 거야. 지금이야 전 세계 어느 곳도 주인 없는 땅이 없지만, 그때는 지구상에 그런 곳이 많았으니까. 주인 없는 땅을 일본이 먼저 발견해서 최초로 공식적으로 영토 선언을 했으니 일본 땅인 게 확실해."

독우가 즉시 반격했다.

"1905년이면 한국이 일본에게 외교권을 빼앗겨서 일본의 식민지가 되기 시작했던 해야. 한국은 국제 사회에서 발언권이 없었지. 한쪽의 입을 막았으니 불공평한 일이야."

타코가 그것 보라는 듯이 떠들었다.

"봐! 내 말이 맞잖아. 일본이 강제로 한국의 외교권을 빼앗은 건 미안한 일이야. 하지만 어쨌든 일본이 주인 없는 무인도를 영토로 먼저 등록한 것도 사실이잖아."

"독도가 주인 없는 땅이었다고? 과거에 울릉도에는 우산국이라는 작은 왕국이 있었어. 약 1500년 전에 '신라 장군 이사부'가 우산국을 정벌해서 신라의 속국으로 만들었지. 그 당시 울릉도는 '무릉'이라고 했고 독도는 '우산도'라고 불렸어. 독도는 우산국의 영토였으니까. 조선시대 세종대왕의 업적을 기록한 문서에도 우산과 무릉 두 섬이 나와 있어. 한국에 일본의 기록보다 더 오래된 역사 기록이 있다는 뜻이야."

타코도 물러서지 않았다.

"그건 한국의 일방적인 주장이지. 독도가 우산국의 섬이었다는 증거가 있어? 울릉도에서 멀리 떨어져서 보이지도 않잖아."

갑자기 독우의 표정이 밝아졌다. 기다리던 말이 나왔다는 표정이었다.

"날이 맑으면 울릉도에서 독도를 볼 수 있어. 그런데 반대로 오키섬에서는 볼 수가 없을 거야. 왜 그런지는 알지?"

타코가 허를 찔렸다는 표정으로 말했다.

"그야 오키섬-다케시마 사이의 거리가 울릉도-다케시마보다는 훨씬 더 머니까 그러겠지. 망원경으로는 보일걸?"

독우가 단순히 거리 문제가 아니라는 듯 고개를 좌우로 흔들었다.

"오키섬과 독도 간의 거리는 157킬로미터나 돼. 울릉도와 독도 간 거리의 거의 두 배야. 이 거리에서는 절대 독도를 볼 수 없지. 고성능 망원경으로도 안 보여. 지구는 평면이 아니고 공처럼 둥그니까. 수평선 너머는 안 보이잖아."

독우가 말을 잠시 끊었다가 계속했다.

"울릉도에서는 독도를 볼 수 있어서 어부들이 고기잡이하러 독도를 자주 방문했었어. 하지만 오키섬에서는 독도가 전혀 보이지 않았으니 섬이 있는지 없는지도 몰랐을 거야. 그런데 갑자기 시마네현에서 뒤늦게 독도를 주인 없는 땅이라고 주장한 거지. 남의 나라 땅을 일방적으로 차지하려고 말이야."

낭패한 표정의 타코가 거꾸로 독우에게 물었다.

"한국의 영토였다면 고지도(옛날 지도) 같은 것이 있어야 할 텐데, 확실한 증거가 있어?"

토론의 주도권은 이제 완전히 독우에게로 넘어온 것으로 보였다.

"한국의 고지도에 많이 나와 있어. 서양 사람들이 만든 고지도에도 있고. 그렇지만 그것보다 더 결정적인 증거가 있어."

"……그게 뭔데?"

주눅이 잔뜩 들은 타코가 불안한 듯이 물었다.

"증거는 바로 일본 지도야. 한국으로서는 정말 다행이지. 약 200년 전 일본 지리학자가 만든 지도에 울릉도와 독도가 명백하게 조선 영토로 나와 있어. 지도에 아예 '조선의 것'이라고 글로 해설까지 붙여 두었기도 했다고."

신이 나는지 독우의 목소리가 높아졌다.

"과거 일본 정부는 이미 독도가 조선 땅인 것을 알고 있었지. 그런 사실을 몰랐던 시마네현 지방정부가 남의 나라 땅을 제대로 확인하지도 않고 멋대로 자기 것으로 등록해 버린 거야. 이것 말고도 과거 일본 문헌에 울릉도와 독도가 한국 땅이라는 내용이 많아. 일본은 이런 내용을 숨기고 있지. 독도가 한국 땅인 건 내가 새우이고, 타코 네가 문어인 것만큼 명확한 거야."

풀이 완전히 죽은 타코가 최후의 반격을 했다.

"오키섬이 독도나 울릉도보다 먼저 생겼으니 형님이잖아. 나중에 생긴 독도는 형님인 오키섬 것이 당연해."

독우가 미소를 지었다.

"또 형님 타령이야? 오키섬이 독도보다 몇십만 년 먼저 생긴 건 사실이야. 그런데 이거야말로 웃기는 말이네. 그렇다면 일본은 한국에서 떨어져 나가 만들어진 땅이니, 한국이 형님이네. 형님 말 잘 들어야지!"

타코가 갑자기 꿀 먹은 벙어리가 되었다. 독우가 결정적인 말을 날렸다.

"그러든지! 다케시마가 탐나면 너희가 가져. 우린 독도를 잘 지킬 테니까. '다케시마'는 '대나무 섬'이라는 뜻인데 독도에는 대나무가 한 그루도 없어. 너희가 주장하는 다케시마는 독도가 아닌 다른 섬일 거야. 그러니 독도는 그만 욕심내고 다른 데 가서 그 섬이나 찾아봐."

가만히 논쟁을 지켜보던 중 궁금한 게 생겨 나도 대화에 끼어들었다.

"근데 일본은 이렇게나 분명한 역사적 사실을 어째서 외면하고 있는 거야? 역사는 바꿀 수 없는 거잖아."

독우가 다시 열변을 토했다.

"일본은 역사적인 사실을 외면하는 정도가 아니고 완전히 왜곡하고 있어. 더 큰 문제는 어린 학생들에게 잘못된 역사를 가르치는 거지. 일본 청년들은 독도가 일본 땅인데 한국이 불법으로 점령하고 있다고 철석같이 믿고 있어. 이건 이웃 국가인 두 나라의 미래를 생각하면 불행한 일이야."

토론에서 밀린 타코가 더 이상 발언을 하지 않자, 천천이가 말했다.

"듣고 보니 이건 아예 논쟁거리도 아니네. 우리 의견은 말할 필요도 없겠어. 타코야 혹시 더 할 말 있니?"

천천이는 최대한 공정하게 토론을 진행하려고 노력하고 있었다. 타코가 갑자기 엉뚱한 제안을 했다.

"흠, 얘들아! 모처럼 오키섬에 왔으니 구경이나 하고 가는 게 어때. 여긴 나름 유명한 관광지야."

천천이는 별 관심이 없는 듯 시큰둥했다.

"나는 이미 대강 봤어. 화산섬이라 멋지긴 한데, 우린 이미 울릉도를 봐서 특별히 차이점을 못 느끼겠어. 그리고 보니 섬 곳곳에 현수막이 걸려 있던데."

"무슨 현수막?"

내 질문에 천천이가 답했다.

"'다케시마는 일본 땅'이라는 현수막. 그런데 타코야, 너 혹시 '안용복'이라는 사람을 아니?"

그 이름을 듣자 타코가 몹시 당황했다. 천천이의 설명이 뒤따랐다.

"조선시대에 안용복 아저씨가 오키섬에 가서 독도가 조선의 영토임을 인정받은 사건이 있지. 그 당시 오키섬을 관할하던 성주를 만나 담판을 지었다고 해. 나도 여기 오기 전에 역사 공부 좀 했지. 이건 기록으로 남아 있으니 사실 맞지?"

독우가 그것 보라는 듯이 말했다.

"맞아, 그것도 일본이 예전부터 독도가 자기 땅이 아니라는 것을 이미 알고 있었다는 증거지. 그분은 독도의 역사에서 아주 중요한 분이지. 그래서 울릉도와 독도 사이에 있는 해산의 이름이 바로 '안용복해산'이야."

그때 시마네가 조용히 다가와 독우에게 귓속말을 했다. 계속 무언가 골똘히 생각하던 천천이도 독우를 불러내어 무언가 말을 했다. 독우의 표정이 확 변했다.

"아뿔싸! 우리가 속았다."

지연 작전

독우가 낭패한 표정으로 타코에게 소리 질렀다.

"이 치사한 녀석! 우리를 이런 식으로 골탕 먹이다니, 가만 안 둘 테다."

타코가 다시 징그러운 뱀 모습으로 변신하면서 야유했다.

"속은 네가 바보지. 이 타코 형님한테 넌 아직 멀었어. 그래도 오키섬을 오늘 저녁에 공격한다고 거짓 정보를 흘리고 새벽에 기습했던 작전은 대단했어."

독우는 들은 척도 않고 명령을 내렸다.

"새우부대, 지금 즉시 가장 빠른 지름길로 독도로 돌아간다. 출발!"

우리는 허둥지둥 독도로 출발했다. 타코도 우리를 막지 않았다. 갑자기 일어난 일에 나는 눈이 휘둥그레졌다. 독우가 짧게 한마디 했다.

"내가 속았어. 어쩐지 천천이 구출이 쉽게 되어서 좀 이상하다는 생각은 했지. 역시 타코는 만만치 않은 녀석이야."

독우가 가면서 그간의 상황을 설명했다. 몇 가지 의심스러운 점으로 보아 오키섬의 주력 부대가 독도를 공격하러 갔을 거라는 이야기였다. 나는 독우에게 물었다.

"뭐가 수상해?"

"오키섬을 지키는 부대의 숫자가 생각보다 너무 적었어."

천천이가 끼어들었다.

"시아야, 아까 내가 미끼 아닌가 하는 이야기를 했었지? 뭔가 이상한 생각이 들어서 좀 전에 독우하고 의논했던 거야."

잠자코 있던 콩콩이도 거들었다.

"나도 좀 이상하다고 느꼈어. 갈치부대가 숫자도 적었지만 나하고 싸울 의사가 전혀 없었지. 시아야, 네가 타코라면 어떻게 했을 것 같아? 너도 뛰어난 전술가잖아."

콩콩이의 질문에 뭔가 떠오르는 것이 있었다.

"맞아, 타코는 천천이를 이용해서 우리의 주력 부대를 오키섬으로 유인했지. 그사이에 갈치부대 주력을 다른 임무에 투입한 게 틀림없어."

콩콩이가 눈을 끔벅이며 물었다.

"무슨 임무?"

독우가 내 대답을 가로챘다.

"독도 침공!"

콩콩이는 충격을 받은 듯 독우에게 물었다.

"독우야, 그런 낌새를 전혀 몰랐니? 아무런 대비 없이 여기 온 거야?"

"내 작전은 속전속결로 오키섬을 공격해서 천천이를 구해 오

는 거였어. 그래서 저녁에 도착할 거라는 거짓 정보를 미리 흘린 거지. 물론 독도에는 당연히 수비하는 새우부대가 남아 있어. 그런데 문제는……."

독우가 말끝을 흐리자 콩콩이가 대답을 재촉했다.

"문제가 뭔데?"

천천이가 대신 대답했다.

"이건 내 생각인데, 우리가 무언가 빠뜨린 게 있는 것 같아."

나는 그제야 찜찜했던 수수께끼가 풀리는 걸 느꼈다.

"오키섬 수비대 숫자가 생각보다 적었던 건 이해가 가. 독도를 공격하기 위해 빼돌렸을 테니까. 그렇지만 이해가 되지 않는

게 하나 있어."

콩콩이가 더욱 궁금하다는 듯 말했다.

"그게 뭔데?"

"너희들 두 번째 초청장 기억나지? 오삼이라는 애가 보낸 거. 우리가 오키섬에 갔을 때 오삼이가 있었니?"

독우가 맞장구를 쳤다.

"바로 그거야! 해삼부대가 하나도 안 보여."

천천이가 결론을 내렸다.

"타코는 아마 우리가 오키섬 도착하기 전에 갈치부대를 독도로 보냈을 거야. 해삼부대와 함께 말이야. 갈치부대는 속도가 빠르니 지금쯤 독도에 거의 도착했을 테고, 해삼부대는 아직 가는 중일 거야."

내가 천천이의 말을 가로챘다.

"나라면 해삼부대를 갈치부대보다 먼저 출발시켰을 거야. 속도가 많이 느리니까."

독우가 고개를 끄덕거렸다.

"타코는 오키섬의 대장이야. 오삼이가 타코의 지시대로 초청장을 보낸 거지. 해삼부대는 타코의 비밀무기야. 시마네도 전혀 존재를 몰랐대."

독우가 이어서 말했다.

"조금 전에 소식이 왔어. 갈치부대가 독도에 도착해서 우리 수비대와 싸우고 있대. 다행히도 해삼부대는 아직 도착하지 못한 것 같아. 결국 시간을 끌기 위해 우리를 이용한 거야."

"시간 끌기?"

콩콩이의 질문에 독우가 다시 대답했다.

"타코가 동해 명칭과 독도에 대해 토론하자고 했지. 자기네 땅이라는 주장을 하려는 것도 있지만 우리를 거기에 오래 붙잡아 두려고 했던 것 같아. 우리가 예상보다 일찍 도착해서 천천이 구출 작전을 끝냈으니 초조했겠지."

콩콩이가 독우에게 물었다.

"독도가 뭐길래, 이 난리지? 내가 보기엔 조그만 바위섬에 불과한데. 호주에는 이곳보다 훨씬 큰 섬도 많은데 이렇게 골치 아픈 문제는 없지. 그런데 왜 일본은 남의 나라 땅을 무리하게 욕심내는 거야?"

천천이가 대신 대답했다.

"이건 국가 간의 자존심 문제도 있지. 한국은 일본의 식민 지배를 받았는데 독도가 그 시작이었다고 할 수도 있지 않을까? 그리고 콩콩아, 호주는 한국보다 땅도 훨씬 더 크고 큰 섬도 많지. 그래서 이런 조그만 바위섬은 덜 귀해 보일지도 몰라. 그렇지만 아무리 작은 섬이라도 다른 나라가 빼앗으려 하는데 그냥 가져가라고 가만있을 나라가 있을까?"

콩콩이가 고개를 끄덕거렸다. 독우가 의견을 말했다.

"천천이 말이 맞아. 과거에는 우리가 힘이 약해서 당했지만 이젠 어림도 없어. 그리고 또 한 가지 아주 중요한 이유가 있어. 섬을 가지면 영토가 넓어지거든."

궁금해하는 우리를 보며 독우가 설명했다.

"영토는 육지만이 아니고 바다도 포함돼. 독도로부터 300킬로미터 넘는 곳까지의 바다 자원은 우리 것이야. 삼면이 바다인 한국은 이런 해양 영토가 무려 육지의 4.4배나 돼. 한국은 작지만 작은 나라가 아니야."

독우가 계속 열변을 토했다.

"독도가 한국의 땅이니 독도와 오키섬 중간이 한국과 일본의 경계인 거야."

콩콩이가 알겠다는 듯이 중얼거렸다.

"만약 독도가 일본 땅이라면 반대로 두 나라의 경계가 울릉도와 독도 사이가 된다는 뜻이지? 그렇다면 한국 영토가 확 줄어들겠네. 한국 입장에서는 정말 말도 안 되는 일이겠군."

그제야 나는 독도가 얼마나 중요한 섬인지 이해가 갔다. 천천이가 독우를 바라보았다.

"아까 자원이라고 했는데, 도대체 무슨 자원이야? 석유라도 나오나?"

"첫째는 수산 자원이야. 울릉도와 독도 일대는 한류와 난류가 만나는 곳이라 먹이가 풍부해서 물고기들이 많이 몰려드는 훌륭한 어장이야. 둘째는 독도를 포함한 울릉분지에 엄청난 지하자원이 매장되어 있어."

나는 고개를 끄덕이며 물었다.

"그래. 오면서 타코에게 들었어. '가스하이드레이트'라는 얼음으로 된 메탄 덩어리가 있다며? 그게 많은가?"

"많다고 들었어. 그 얼음층이 올라오면서 해저에 조그만 분화구처럼 구멍을 만들기도 하고 보글보글 가스도 나와. 가스가 갑자기 많이 올라오는 곳에서는 해저사태가 일어나기도 해."

역사에 관심이 많은 천천이가 한마디 했다.

"독우의 이야기를 듣고 보니, 한국은 독도를 절대 포기할 수 없겠어. 반대로 일본은 이 금덩어리를 어떻게든 손에 넣으려고 할 거고."

나는 독우에게 아까부터 궁금했던 것을 물었다.

"해삼부대가 뭔데 그리 신경 쓰는 거야? 새우부대가 수비하고 있잖아?"

"해삼은 아주 특이한 생물이야. 무려 5억 년 전에 지구에 출현했다는데, 그간 여러 차례 있었던 지구 대멸종에도 살아남았대. 수명도 길고 웬만해서는 죽지도 않아!"

천천이가 신기한 듯 질문을 했다.

"잘 안 죽는다고? 너희 닭새우부대의 날카로운 벼슬로 자르면 되잖아. 그러면 죽거나 비실비실 도망가겠지. 안 그래?"

우리는 독우의 대답에 놀랐다.

"해삼은 잘려도 안 죽어. 반으로 잘랐는데도 각자가 살아나기도 해. 나도 어떻게 해야 할지 잘 모르겠어."

항상 자신만만한 독우도 해삼의 질긴 생명력에는 방법이 없는 듯했다. 독우는 거기에 한마디를 더 보탰다.

"너희들 그거 아니? 해삼은 창자가 없어져도 안 죽어."

우리는 귀를 의심했다. 깜짝 놀란 콩콩이가 한마디 했다.

"그게 무슨 소리야? 난 창자가 없어지면 바로 죽는데. 나뿐이 아니고 모든 동물이 다 그렇잖아. 너 농담하는 거지?"

"농담이 아니야. 해삼은 누가 자기를 공격해서 위험에 빠지면 최후의 수단으로 항문에서 자신의 창자를 뽑아내. 그럼 공격하던 동물은 그걸 먹어. 그렇게 자신의 창자가 미끼 역할을 하는 사이, 해삼은 잽싸게 도망치는 거야. 창자야 나중에 다시 만들어지니까 생명에는 지장이 없어."

"정말 난감하겠구나."

독도 소식을 들으러 소파층까지 내려갔던 시마네가 다시 나타났다. 시마네는 타코가 알아듣지 못하도록 암호를 이용하여 독도 수비대장과 통신을 하고 있었다고 말했다. 시마네가 독우에게 상황을 보고했다.

"해삼부대 독도 점령!"

독도 박테리아

 독우는 보고를 듣고 눈살을 찌푸렸다. 걱정했던 최악의 상황이 오자 고민하는 눈치였다. 곧 독도에 도착하는데 해결책을 빨리 찾아야 했다. 여태까지 자신만만하게 혼자서 작전을 펼치던 독우가 처음으로 난감한 표정으로 의논을 해 왔다.

"시아야, 방법이 없을까? 갈치부대같이 바다에만 사는 동물들은 우리가 물속에서 상대해 볼 만해. 그런데 해삼은 바닥을 기어 다녀. 얘들은 육지 부근 바위까지 올라갈 수 있어서 우리가 접근하기 어려워. 너희는 심해에서 전투 경험이 많았잖아."

 나도 속수무책이라 천천이와 콩콩이에게 의견을 물었다.

"얘들아, 우리가 이래 봬도 천하무적 삼총사인데, 방법이 없을까?"

콩콩이가 대답했다.

"글쎄. 갈치부대는 내가 해결할 수 있지만 섬의 얕은 물에 붙어 있는 해삼부대는 어떻게 해야 할지 모르겠네. 너도 알다시피 우리는 육지에 못 올라가거든."

천천이도 난감하다는 표정을 지었다.

"나는 육지에 올라갈 수 있지만 혼자서 그렇게 많은 해삼과 싸우기에는 역부족이야. 게다가 걔들이 몸의 일부가 잘려도 죽지 않을 정도로 강하다며? 그러면 쫓아내기도 어렵겠지."

나도 답답하기는 마찬가지였다. 우리의 대화를 들은 독우의 표정이 어두워졌다. 그러는 사이에 멀리서 독도가 보이기 시작했다. 갈치부대와 공방전을 벌이던 새우부대 수비대장이 독우에게 보고했다.

"대장님, 우리가 갈치부대를 막고 있었는데 그 와중에 해삼부대 수백 마리가 섬으로 기어 올라왔습니다. 최선을 다했지만, 우리 힘으로는 막을 수가 없었습니다. 제대로 섬을 지키지 못해 죄송합니다."

원래도 굽은 수비대장 새우의 허리가 더 굽어진 것 같았다. 독우가 격려했다.

"수고 많이 했어. 괜찮아, 미안해할 것 없어. 나라도 막기 어려웠을 거야. 그런데 이놈들을 어떻게 몰아내지?"

독도에 가까이 가 보니 상황이 심각했다. 해삼부대가 바위에 잔뜩 붙어 있고 꼭대기에는 붉은 깃발이 나부끼고 있었다. 깃발을 유심히 보던 콩콩이가 독우에게 물었다.

"저 깃발은 뭘까? 일본기는 원래 빨간 동그라미가 하나 그려져 있지 않아? 그런데 저건 **빨간 햇살 모양**이네."

"저건 '욱일기'라고 해. 제2차 세계대전에서 일본군이 전쟁 중에 사용했던 깃발이야. 독일의 나치 깃발 같은 전범기야. 함부로 사용해선 안 돼. 저것들이 아직도 정신을 못 차렸군."

"전범? 그게 무슨 뜻이야?"

"전범은 전쟁범죄의 줄인 말이야. 일본이 저 깃발을 들고 다니면서 남의 나라 침략하고 나쁜 짓을 많이 해서 그래."

콩콩이가 고개를 끄덕였다.

"아, 그렇구나! 우리가 다윈을 지나올 때 불발탄 때문에 죽을 뻔했어. 그 폭탄을 투하한 일본군 전투기에도 이 깃발이 있었겠군. 얘들은 정말 반성할 줄 모르네."

정말 그랬다. 전쟁이 끝난 지가 언제인데, 아직까지도 이런 행동을 하는 것인지 이해가 가지 않았다. 고민하던 우리의 앞으

로 갑자기 덩치 큰 대장 해삼이 나타났다.

"삼총사 다케시마에 온 것을 환영한다. 내가 바로 오삼이야."

그리고는 독우에게 으름장을 놓았다.

"여긴 일본 땅이야. 그러니 들어오려면 내 허락을 받아야 해. 삼총사는 먼 나라에서 왔으니까 특별히 허락하지만, 독우는 안 돼. 빨리 나가!"

우리와 독우를 이간질하려는 수작이었다. 얼굴이 벌겋게 달아오른 독우가 소리쳤다.

"이 도둑들아! 너희는 여전히 남의 물건에 욕심을 내는 버릇을 버리지 못했구나. 백여 년 전에는 한국을 통째로 먹더니 이제는 독도를 먹겠다고? 어림없지. 좋게 말할 때 너희나 빨리 나가!"

능글맞은 오삼이가 독우의 표정을 놓치지 않았다. 큰소리는 쳤지만 어쩔 줄 몰라 하는 독우를 슬슬 약 올리기 시작했다.

"독우 대장님. 할 수 있으면 섬을 다시 빼앗아 봐. 그럴 수 없다면 대장 자리에서 물러나시든가."

성질 급한 독우는 폭발 직전이었다. 내가 독우를 달랬다.

"독우야 방법이 있을 거야. 잠깐 물러서서 생각 좀 해 보자."

우리는 조롱하는 오삼이를 뒤로하고 섬에서 물러났다. 갑자기 내 입에서 "맞아! 바로 그거야." 하는 소리가 나왔다. 모두 무슨 일인가 하고 나를 쳐다보았다.

"독우야, 여기 박테리아 친구들 소개해 준다고 했지? 지금 어디 있니? 당장 만나게 해 줘."

"그렇지 않아도 걔들이 곧 이곳으로 올 거야. 그런데 박테리아 친구들을 만나면 해결책이 있는 거야?"

"박테리아는 지구 최초의 생명체야. 어디에나 있고 어떤 환경에도 적응을 잘해. 작다는 뜻으로 우리를 세균이라고도 하지. 병을 옮기는 나쁜 세균도 많지만, 꼭 필요한 세균도 있어. 기다려 봐. 내게 좋은 생각이 있어."

모두들 호기심 반, 기대 반으로 나를 쳐다보았다. 나는 한마디 덧붙였다.

"작은 고추가 맵다는 걸 보여 줄게."

멀리서 닭새우가 독도 박테리아 둘을 태우고 다가왔다. 두 박테리아는 종류가 달랐다. 하나는 덩치가 크고 단단해 보였다. 다른 하나는 그보다 작았다. 큰 박테리아가 먼저 인사를 했다.

"안녕. 대한민국 독도에 온 것을 환영해. 나는 독박이야. 네가 시아구나. 정말 만나 보고 싶었는데 반갑다."

독박이는 씩씩한 성격이었다. 작은 박테리아도 인사를 했다.

"안녕. 나는 우박이야. 독도의 옛 이름 우산도에서 가져온 이름이지. 유명한 삼총사를 만나서 정말 반가워."

우박이는 독박에 비해 부드럽고 상냥해 보였다. 그러나 부끄러움을 많이 타고 조금은 자신감이 없어 보였다. 나는 반갑게 맞아 주는 친구들이 너무 좋았다.

"환영해 줘서 고마워. 그런데 너희 대단한 여행을 했다며?"

독박이가 나섰다. 눈을 스르르 감은 채 회상을 하는 듯했다.

"맞아, 정말 엄청난 여행이었어. 나와 우박이는 우주선을 타고 우주에 다녀왔지. 우리는 세상에 처음 알려진 박테리아야. 한국 과학자들이 독도에서 우리를 처음 발견했지. 우리는 새로운 종으로 국제기구에 등록되어 있어."

우주여행을 했지만 우쭐대지 않는 독박이가 마음에 들었다. 우박이가 내게 물었다.

"너도 대단한 여행을 했다며? 심해 화산을 방문했다고 들었는데 거긴 어때?"

"우리가 방문했던 심해는 여기와 많이 달라. 울릉분지보다 더 깊은 바다였고, 마그마가 계속 뿜어져 나왔지. 우리 동족인 박테리아도 아주 많은 곳이야."

독박이가 부럽다는 듯이 말했다.

"나도 가 보고 싶다. 다음에는 우리랑 같이 가자."

"좋아. 우리 삼총사가 안내할게. 그런데 너희들 우주에 나갔을 때 혹시 우주선 밖으로도 나갔었니?"

우박이가 대답했다.

"그랬지. 연구원들이 우주 적응 능력을 실험한다고 우리를 보호케이스에 넣어 우주선 밖으로 몇 시간 동안 내보냈었어. 우주에서 보는 지구는 무척 아름다웠지."

우박이는 그때가 생각나는지 기분 좋은 표정이었다. 나는 속으로 쾌재를 불렀다.

"너희들 그 후에 뭔가 몸에 변화를 느끼지 않았니? 아무거나 좋으니 말해 봐."

독박이가 놀란 표정으로 대답했다.

"너 그거 어떻게 알았니? 아무에게도 말 안 했었는데?"

나도 모르게 신이 났다. 원하는 대답이 나왔기 때문이었다.

"우주에는 '태양풍'이라는 게 있어. 태양에서 나오는 엑스선이나 감마선 같은 것이지. 생물의 유전자에 영향을 주기도 해. 아마 연구원들은 그런 실험을 해 보고 싶었을 거야."

독박이가 이해가 간다는 듯이 고개를 끄덕였다.

"맞아. 우리에게 새로운 능력이 생겼어. 우리는 다른 종류의 박테리아로 변신이 가능해. 갑자기 생긴 능력에 어리둥절했는데 네 설명을 들으니 이해가 가네."

나도 모르게 "야호!" 소리가 나왔다. 모두가 놀란 눈으로 나를 쳐다보았다.

"신난다. 이 시아 장군이 드디어 한 건 했다. 독박이와 우박이가 날 도와주면 해삼부대를 몰아낼 수 있어. 독우야, 걱정 마. 내가 해결해 줄게."

독우는 내 이야기에 반신반의했다. 그러면서도 기대에 찬 표정으로 물었다.

"정말 반가운 소식이기는 한데, 너희같이 조그만 박테리아들이 어떻게 저 엄청난 해삼부대를 몰아낸다는 거야?"

"걱정 마. 내 설명을 들으면 왜 그런지 이해할 거야."

천천이와 콩콩이가 나섰다.

"우리는 시아를 믿어. 심해탐험을 할 때 시아가 지휘해서 적을 골탕 먹이고 어려운 고비를 여러 차례 넘겼지. 박테리아는 작지만 재주가 많아."

박테리아 어벤져스

모두들 내게 귀를 기울이고 있었다. 나는 작전을 설명하기 시작했다.

"해삼이 생존력이 강한 건 사실이야. 하지만 천하무적은 아니지. 아주 치명적인 약점이 있어."

마음이 급해진 독우가 재촉했다.

"그게 뭔데?"

나는 조금 뜸을 들였다. 모두의 시선이 나를 향했다.

"너희들 '고초균'이라고 들어 봤니?"

모두들 갑자기 무슨 소린가 하는 어리둥절한 표정으로 나를 쳐다봤다.

"고초균은 박테리아, 즉 세균이야. 막대기처럼 생겼는데 한국 사람들에겐 아주 친숙해. 왜냐하면 된장이나 청국장을 발효시키는 데 꼭 필요하거든."

성질 급한 독우가 내 말을 끊었다.

"고초균이 뭔데? 그 박테리아가 해삼을 몰아낸다고? 못 믿겠는데. 해삼을 감염시켜 병들게 하는 거야?"

나는 독우를 쳐다보며 조용히 말했다.

"독우야, 네 성질 급한 건 아는데 좀 기다려. 아직 내 말 끝나지 않았어."

뒤끝 없는 독우가 바로 사과했다.

"고초는 '마른풀'이라는 뜻이야. 고초균이 볏짚 같은 데 많거든. 그런데 해삼은 그 고초균에 녹아. 그래서 볏짚 위에 절대로 해삼을 못 놓게 하지."

모두들 눈이 휘둥그레졌다. 독우가 다시 끼어들었다.

"와우! 고초균이 해삼의 천적이네. 그런데 독도는 쌀농사 짓는 데가 아니라서 볏짚이 없는데……."

독우가 혼잣말을 하다가 갑자기 깨달은 듯이 "아!" 하고 소리를 질렀다.

"트랜스포머 박테리아!"

나는 싱긋 웃었다.

"독우야, 여긴 한국 땅이지만 이번 작전에 대한 지휘권을 나에게 주면 내가 해삼부대 몰아내 줄게."

독우는 쾌히 승낙했다. 나는 한 가지 요청을 했다.

"시마네를 길잡이로 쓰게 해 줘. 이곳 지리에 익숙한 안내자가 필요해."

"좋아, 시아. 너는 이미 어떻게 할지 계획을 세운 모양이네. 예전에 심해에서 심해아귀를 몰아냈다고 들었는데, 이번에도 이순신 장군 작전?"

"당연하지. 여긴 한국이니까 더더욱 그렇지. 상대편의 허를 찔러야지."

"좋아. 네 작전 기대해 보겠어. 우린 그 사이에 갈치부대를 물리칠게."

내가 오랜만에 출정 명령을 했다.

"삼총사와 시마네 그리고 독박이와 우박이, 해삼부대 무찌르러 출동!"

출동 도중에 시마네가 현황을 알려 주었다.

"해삼부대는 동도의 선착장에 몰려 있어. 거기서 공격하면 되는데, 그다음엔 어떻게 하면 좋지? 몰아낸다 해도 다시 돌아올

텐데."

나도 마침 시마네에게 질문이 있었다.

"여기 골짜기 같은 곳 없니? 오다 보니 울릉분지는 대부분 평탄하던데 그래도 어딘가 골짜기는 있겠지?

"울릉도와 독도 사이에 안용복해산 알지? 독도와 안용복해산 사이에 바닥이 평탄한 아주 큰 골짜기가 있어. '한국해저간극'이라고 하는 곳이야. 근데 그게 작전에 필요한 거야?"

시마네뿐만 아니라 모두가 궁금해하는 눈치였다.

"고초균을 이용해서 해삼부대를 독도에서 몰아내는 건 어렵지 않을 거야. 그다음이 문제지. 다시 돌아올지도 모르니까. 그다음 작전은 우리 '박테리아 어벤져스' 몫이야."

"박테리아 어벤져스라고? 와 신난다!"

독박이는 박수를 치면서 좋아하는데, 우박이는 뭔가 걱정스러운 표정이었다. 눈치 빠른 천천이가 조심스럽게 우박이에게 물었다.

"너 무슨 걱정거리 있니? 왠지 불안해 보인다."

"나는 무서워. 해삼부대가 우릴 겁내지 않으면 어쩌지? 우리가 가짜인 걸 알면 역으로 공격할지도 몰라."

내가 얼른 우박을 안심시켰다.

"우박아 걱정 마. 너는 할 수 있어. 그리고 해삼부대를 몰아내는 건 독박이가 주로 할 거야. 너는 나를 도와서 다른 임무를 하면 돼."

나는 처음부터 우박의 성격이 소극적이고 자신감이 없는 편인 걸 알았다. 하지만 내가 생각하는 작전을 펼치려면 우박의 도움이 꼭 필요했다. 나는 우박이에게 조용히 물었다.

"넌 이 동네 박테리아들을 잘 알지?"

"당연히 잘 알지. 내가 이 동네 토박이니까. 그런데 갑자기 그건 왜 묻는 거야?"

"해저 바닥에 사는 애들도 잘 아니? 걔들 도움이 필요한데."

"아주 잘 알아. 아마 내가 독도에서 그 동네 애들을 가장 많이 알걸? 친구 만나러 종종 놀러 가기도 했지."

"거기에 거품 같은 게 올라오지 않니?"

"네가 그걸 어떻게 아니? 맞아. 땅속에서 거품이 막 올라와. 그걸 분해해서 먹고사는 박테리아가 있는데 걔네가 바로 내 친구들이야."

나는 드디어 방법을 찾았다고 생각했다. 천천이가 나와 독박을 태우고 독도 선착장으로 갔다. 선착장 부근에는 해삼들이 득실거렸다. 오삼이가 우리를 발견하고 빈정거렸다.

"너희들만 오고 독우가 안 오는 걸 보니 드디어 다케시마를 일본 영토로 인정하고 포기한 모양이군. 당연하지. 누가 감히 우리를 상대할 수 있겠어?"

오삼이는 오만하게 거들먹거렸다. 다른 해삼들도 튀어나온 돌기를 흔들면서 우리를 조롱했다. 내가 오삼이에게 말을 걸었다. 주위를 산만하게 만들기 위한 작전이었다.

"오삼아, 나는 너희랑 아무런 감정이 없어. 그런데 너희가 천천이를 유괴했고, 독우를 독도에서 쫓아냈지. 내 친구를 못살게 구는 건 용서 못 해. 독우에게 사과하고 불법 점거한 독도에서 철수해."

오삼이가 가소롭다는 듯이 낄낄거렸다.

"얘가 한국물을 먹더니 완전히 한국 편이 됐네. 독우가 너희들을 어떻게 구워삶았는지 모르지만 어림도 없지. 속도도 느린 우리가 오키섬에서 여기까지 오느라 얼마나 고생했는데 다시 돌아가라니 어림없는 소리. 너도 이제 다케시마에서 나가. 다른 나라에 들어가려면 비자가 필요한데 너희한테는 비자 안 줄 거니까."

나는 일부러 입씨름하면서 시간을 질질 끌었다. 승리에 취한 오삼이는 우리를 조롱하느라 다른 것에는 관심이 없었다. 그사이 뒤에 숨어 있던 독박이는 변신할 수 있는 충분한 시간을 벌었다. 그리고는 마침내 막대기처럼 생긴 고초균으로 변신한 독박이가 등장했다. 고초균을 본 해삼부대는 난리가 났다.

"으악 저게 뭐야?"

"고초균이다."

"여긴 볏짚도 없는데 갑자기 웬 고초균이야?"

"우린 닿기만 해도 위험해!"

"해삼 살려."

해삼부대는 순식간에 엄청난 혼란에 빠졌다. 그들은 천적인 고초균을 금방 알아봤다. 그리고 자기네가 상대가 되지 않는다는 것을 본능으로 느낀 듯했다. 최후의 방어 수단인 해삼 내장을 내놓아 봐야 소용이 없다는 사실도 이미 알고 있었다. 대장인 오삼이부터 제정신이 아니었다. 겁에 질린 해삼부대 모두가 정신없이 선착장에서 앞다투어 바다로 뛰어들었다. 나는 이때다 싶어 명령을 내렸다.

"독박이는 선착장에 그대로 버티고 있어 줘! 그래야 해삼부대가 다시 돌아오지 않을 테니까. 나머지는 해삼부대를 안용복해산 쪽으로 몰자."

우박이는 콩콩이를 타고 한껏 신이 난 것 같았다. 콩콩이의

등을 쓰다듬기까지 했다.

"야, 콩콩아! 너 너무 멋지다. 덩치도 크고 피부도 곱네."

콩콩이는 칭찬에 얼굴이 빨개졌다.

"고마워. 시아는 내가 열심히 태우고 다녀도 한 번도 이런 칭찬을 한 적 없는데, 넌 정말 친절하네. 멋진 친구야. 우리 잘 사귀어 보자."

나는 눈을 흘겼다.

"얼씨구! 이런 의리 없는 콩콩이 봤나. 내가 몇 번이나 너를 위기에서 구해 줬는데, 우박이에게 마음을 빼앗겨? 너 호주로 돌아가면 두고 보자."

콩콩이는 내 반응이 재미있는지 대놓고 슬슬 나를 놀렸다.

"웃긴다. 우리 시아가 질투를 하다니. 그럴수록 나는 우박이가 좋아."

천천이도 끼어들었다. 장난기가 가득한 표정으로 한마디 거들었다.

"내가 콩콩이라도 우박이가 좋을 것 같아. 시아는 성격이 급하고 좀 까칠한데 우박이는 부드럽잖아."

이번에는 시마네가 내 편을 들었다. 벌어지는 상황이 너무 재미있었나 보다.

"난 시아의 카리스마가 좋아. 아무나 대장노릇 하는 것 아니거든. 시아처럼 중요한 순간에 정확한 상황 판단을 할 수 있어야지. 으쌰으쌰, 우리 시아 대장님!"

"역시 시마네가 최고야. 콩콩이랑 천천이, 너희들 나중에 두고 보자."

나는 친구들에게 윙크를 했다. 이제 노는 시간은 끝났다.

"토끼몰이작전 개시!"

내 명령에 우리 팀은 일사분란하게 움직였다. 콩콩이는 덩치로 밀고, 천천이는 날카로운 이를 드러내며 해삼부대를 겁주었다. 시마네도 한몫 거들었다. 독사인 띠무늬 뱀으로 변신한 것이었다.

대장 오삼이부터 모두 공포에 질렸다. 해삼부대는 우리가 토끼몰이하듯 몰아대는 대로 정신없이 도망치기 시작했다.

"아니 저게 뭐야?"

갑자기 나타난 거대한 암벽에 깜짝 놀란 콩콩이가 소리쳤다. 수심이 2,000미터가 넘는 평탄한 울릉분지에 송곳처럼 솟은 바위는 정말 거대했다.

"'안용복해산'이야. 높이가 무려 1,643미터지."

시마네가 미리 알려 준 대로였다. 안용복해산 뒤쪽으로는 넓고 평탄한 바닥이 펼쳐졌다. 그 주변은 온통 가파른 골짜기 천지였다.

"'한국해저간극'이라고 해. 바닥이 평탄한 수로 같은 건데 양쪽은 거대한 골짜기야. 수로 길이가 엄청 길어서 약 100킬로미터쯤 돼."

우리는 해삼부대를 수로로 몰기 시작했다.

나는 다음 작전을 펼쳤다.

"이제 박테리아 어벤져스 두 번째 작전을 시작한다. 천천이와 시마네는 해삼부대를 계속 수로 바닥으로 밀어붙여라. 우박이는 나와 함께 콩콩이를 타고 골짜기 위쪽으로 올라간다!"

천천이가 대답했다.

"시아야, 아직 네 작전은 잘 모르겠지만 시키는 대로 할게. 우리는 너를 믿으니까."

우박이가 부러워했다.

"시아야, 너희가 괜히 삼총사가 아니구나. 서로 믿는 친구네."

"염려 마. 이 작전이 끝나면 너도 달라져 있을 거야. 네가 먼저 친구들에게 마음을 열면 돼. 그러면 더 용감해지고 적극적인 성격이 될 거야."

"고마워. 처음에는 무서웠는데 너랑 함께라면 뭐든지 할 수 있을 것 같아. 나도 너처럼 용감해질 수 있을까?"

나는 대답 대신 우박이에게 제안했다.

"저기 언덕에 조그만 분화구 같은 게 보이지? 거기로 가자."

"거긴 위험한데. 왜?"

"곧 알게 돼."

해저사태

 한국해저간극에 있는 골짜기 위쪽 언덕 여기저기에 작은 분화구가 있었다. 크기도 모양도 제각각이었다. 조그만 화산분화구같이 생긴 것도 있고 혹처럼 불쑥 튀어나온 것도 있었다. 마치 팥죽이 끓어오르는 것과 비슷했다. 우박이가 설명했다.

 "이건 땅속에 있는 고체 메탄에서 나오는 가스가 분출하면서 만든 '메탄분화구'야. 가스가 보글보글 나오면 화산이 분출하듯이 조그만 분화구가 생기지."

 나는 울릉분지 들어올 때 타코가 한 말이 사실인지 확인하고 싶었다.

 "이 밑에 '가스하이드레이트'가 있는 거지?"

우박이가 깜짝 놀랐다.

"너 정말 아는 게 많구나. 맞아. 이게 그거야. 얼음으로 된 메탄인데 땅속에 묻혀 있지. 가끔씩 표면으로 올라오기도 해. 그러면 고체가 바로 기체로 변하지. 고체인 드라이아이스가 기체로 증발해서 바로 사라지는 것과 마찬가지야."

"너도 아는 게 많네. 자신을 가져. 이게 바로 에너지로 쓰는 메탄가스지?"

"맞아. 메탄가스는 에너지야. 쓰레기를 모아 놓은 곳에서 메탄가스가 나오기 때문에 그걸 모아서 연료로 사용하기도 하지. 가스하이드레이트는 얼음이지만 주로 메탄으로 되어 있어서 불이 붙어. 그래서 별명이 '불타는 얼음'이야. 아주 중요한 미래의 에너지 자원이래."

"일본이 독도를 탐내는 이유를 알 만하군. 여기에 얼마나 묻힌 거야?"

"나도 잘 몰라. 엄청나게 많다고는 들었어. 자세한 자원탐사를 해야 하나 봐."

이런 대단한 자원이 이 깊은 바닷속에 묻혀 있다니 너무 신기했다. 위로 올라오면서 본 골짜기는 육지의 협곡처럼 깊게 파인 모양이었다. 우박이가 설명했다.

"한국해저간극 양쪽에 이런 협곡들이 있어. 침식으로 만들어진 거지."

"여긴 깊은 바닷속인데 어떻게 침식이 일어나지?"

"해저에 쌓인 흙, 그걸 퇴적물이라고 해. 해저사태가 나면 그게 흘러내리면서 골짜기 벽을 침식해서 협곡이 만들어지는 거야. 동해에는 해저사태가 많아."

"해저사태는 왜 일어나는 거야?"

"주로 지진 때문이지. 지진이 퇴적물을 흔들면 아래로 흘러내리지. 하지만 다른 원인도 있어. 지진이 없어도 가스하이드레이트에서 가스가 많이 분출되면 그런 일이 생기기도 하지. 이 가스층이 거의 해저면까지 올라온 곳들이 있거든. 그런 곳에서는 자연스럽게 사태가 일어나."

"바로 그거야! 지금 가스가 분출되는 분화구로 가자. 거기에 네 친구들이 많지?"

우박이가 이제야 이해가 간다는 표정을 지었다.

"아! 그게 네 작전이구나! 넌 정말 천재네!"

"이건 이순신 장군 전법이야. 자연의 힘을 이용하는 것! 울돌목에서 강한 조류를 이용해 왜군들을 물리쳤잖아. 이제 네 친구들을 소개해 줘. 나는 잘 모르는 친구들이니 네 도움이 필요해."

"염려 마. 걔들도 한국 박테리아야. 침략자들을 물리친다는데 당연히 협조하겠지."

우박이는 우리를 비교적 큰 분화구로 안내했다. 분화구 주변에 박테리아가 많았다. 우박이가 나를 소개했다.

"안녕. 내 친구를 소개할게. 호주에서 온 시아라고 해. 저 덩치 큰 돌고래 친구는 콩콩이고."

분화구 박테리아들은 내 존재를 알고 있었다. 그러는 사이에 우박이가 상황을 설명했다. 모두가 분개하며 우리를 적극적으로 도와주기로 했다.

한편 골짜기 아래쪽 수로에서는 상황이 급박하게 돌아가고 있었다. 수로로 내몰렸던 해삼부대가 정신을 차렸다. 오삼이가 엉망이 된 해삼부대를 수습했다.

"야 모두들 정신 차려. 여긴 깊은 바닷속이니까 고초균은 없을 거야. 돌아가서 다케시마를 다시 찾아야지. 우선 우리를 밀어대는 저 녀석들에게 반격하자. 모두 모여서 대열을 갖춰."

해삼 하나가 불평했다.

"대장님, 질문 있습니다. 섬에는 고초균이 버티고 있을 텐데, 가면 위험하지 않을까요? 생각만 해도 거긴 너무 무서워요."

다른 해삼들도 이구동성으로 반대했다. 그러나 오삼이는 단호했다.

"우린 돌아가야 할 이유가 있어. 가서 자리를 확보하고 있어야 해. 고초균이 있는 곳은 동도의 선착장이니까 우리는 대신 서도라도 점령하고 있어야 해."

그간 쫓기던 해삼부대가 갑자기 천천이와 시마네를 공격하기 시작했다. 시마네가 띠무늬 독사가 아니라는 사실을 알아차리면서 시마네의 변신 작전도 더 이상 통하지 않게 되었다. 나는 마음이 급해졌다.

분화구 박테리아가 가스에 얇게 깔려 있는 퇴적물에 충격을 주면 가스가 스스로 분출하게 될 거라고 방법을 알려 주었다. 이제 콩콩이가 활약을 할 차례였다.

"콩콩아, 뭘 해야 하는 줄 알지?"

"염려 마. 내 이름이 콩콩이잖아."

콩콩이가 가스층을 큰 덩치와 단단한 코를 이용해서 들이받기 시작했다. 쿵쿵하는 소리가 났다. 진동 때문에 가스층에 균열이 생겨 메탄가스가 나오기 시작했다. 나는 골짜기 아래에 있는 해삼부대에게 경고를 했다.

"오삼아, 이제 그만 포기하고 오키섬으로 돌아가라. 그렇지 않으면 사태를 일으키겠어."

"흥, 무슨 꿍꿍이인지 모르겠지만 우린 다케시마로 다시 갈 거야. 막을 수 있으면 막아 봐. 지진도 안 나는데 자기가 무슨 수로 사태를 일으켜? 웃긴다."

사실 내 경고는 우리 편에게 빨리 피하라는 신호이기도 했다. 눈치 빠른 천천이와 시마네는 우리가 있는 골짜기 위쪽으로 피신하기 시작했다. 내 경고를 들은 해삼부대가 동요했다.

"대장님, 실제로 사태가 일어나면 어떡할 겁니까? 우리는 속도가 느려서 도망도 못 가고 다 묻힐 겁니다. 이제 그만 오키섬으로 돌아가요"

"맞아요. 그리고 우리가 다케시마라고 점령했던 섬에는 대나무가 한 그루도 없었어요. 그 섬은 다케시마가 아니에요."

"돌로 된 섬이니 독도가 맞아요."

부하들의 불평을 들은 척 만 척 오삼이는 뒤로 돌아 독도로 이동하기 시작했다. 해삼부대도 투덜거리며 뒤따랐다. 나는 최후의 통첩을 했다.

"오삼아, 이젠 나도 할 수 없다. 내 경고를 무시한 결과는 대장인 네가 책임져."

나는 콩콩이에게 계속하라는 신호를 보냈다. 콩콩이는 계속해서 충격을 주었다. 충격이 쌓일수록 가스 방울이 점점 많아져서 퇴적층을 뚫고 솟아나기 시작했다. 터져 나온 가스가 퇴적층을 흔들자, 쌓였던 흙이 경사를 따라 흘러 내려가기 시작했다. 처음에는 조그만 흙덩이에 불과했지만 점점 커졌다. 엄청나게 커진 흙덩이는 아래로 내려갈수록 속도도 빨라졌다. 마치 눈사태를 보는 것 같았다.

"으악 이게 뭐야!"

"사태다!"

"빨리 달아나!"

나는 사태가 일어날 거라고 예상은 했지만, 이 정도로 강력할 줄은 몰랐다. 정작 사태를 일으킨 콩콩이도 놀란 눈으로 쳐다보고 있었다. 분화구 박테리아가 설명했다.

"이런 걸 해저사태라고 하는데 육지에서 홍수가 나면 산사태가 나는 것과 마찬가지야. 동해에는 이런 사태가 아주 흔해."

해삼부대는 사태에 밀려 멀리 떠내려가기도 하고 일부는 퇴적물에 묻혀서 아예 흔적도 없이 사라졌다. 오삼이도 보이지 않았다. 콩콩이가 걱정스러운지 물었다.

"시아야. 쟤들 괜찮을까? 크게 다치면 어쩌지?"

나 대신에 우박이가 대답했다.

"쟤들은 해삼이야. 원래 땅에서 사는 친구들이라 별문제 없어. 시간은 좀 걸리겠지만 퇴적물을 파헤치고 나올 거야."

나도 고개를 끄덕였다.

"당연히 그러겠지. 하지만 이 정도 혼이 났으니 다신 독도에 얼씬거리지 않겠지."

그러는 사이에 천천이와 시마네가 완전히 위쪽으로 올라왔다. 콩콩이가 자기가 사태를 일으켰다고 으쓱대자 천천이가 놀렸다.

"야, 콩콩아. 너 이름 바꿔라. 아까 보니 쿵쿵거리던데 '쿵쿵이'가 더 어울려."

시마네도 한마디 했다.

"내가 듣기에는 끙끙 소리였어. '끙끙이'가 어때?"

콩콩이도 재미있다는 듯이 농담을 즐겼다.

"'쿵쿵'은 좋은데 '끙끙'은 참아 줘. 화장실에서 나는 소리 같아."

우리는 모두 낄낄댔다. 나는 분화구 박테리아에게 고맙다고 인사했다. 자신들의 집이 무너져서 다른 데로 이사를 가야 하는 상황인데도 기꺼이 우릴 도왔기 때문이었다.

"고맙다는 말은 우리가 해야지. 이건 우리 일인데 멀리서 온 손님이 도와줬으니 정말 고맙지."

옆에서 이 광경을 보던 우박이가 제안을 했다.

"우리는 환상적인 팀이야. 박테리아 어벤져스!"

박테리아들이 모여 하이파이브를 했다. 내가 마지막으로 구호를 외쳤다. 천천이와 콩콩이는 물론 시마네까지 합세해서 모두 따라 했다.

"작다고 무시하지 말라!"

"작은 고추가 맵다!"

우박이가 조용히 내게 와서 귓속말했다.

"시아야, 정말 고마워. 네 덕분에 나도 용기를 얻었어. 나도 작지만 무엇이든 할 수 있다는 걸 알았어."

나는 대답 대신에 우박이에게 미소를 지었다. 서로 마음이 통했다. 그러다 갑자기 생각이 떠올랐다.

"얘들아, 이게 전부가 아닌 것 같아. 아직 안 끝났어. 빨리 독도로 돌아가야 해."

모두가 의아한 눈초리로 나를 쳐다보았다. 콩콩이가 말했다.

"이제 겨우 전투가 끝났잖아. 나는 여기서 더 놀고 싶어. 그리고 열심히 가스층을 들이받았더니 코도 얼얼해서 좀 쉬고 싶어. 갑자기 왜 그래, 시아야?"

우박이가 콩콩이에게 말했다.

"저런, 내 친구 콩콩이의 코가 아프다니. 내가 마사지해 줄게."

우박이가 콩콩이의 코를 들락거리면서 열심히 마사지를 했다. 조그만 우박이가 부지런히 콧구멍을 왔다 갔다 하는 모습이 하도 진지해서 우리를 웃게 했다. 콩콩이는 기분이 좋은지 가만히 눈을 감고 있었다. 그러나 간지러운 건 참을 수 없는 듯했다.

"아이고 간지러워. 에, 에, 에, 에취!"

콩콩이의 재채기에 나와 우박 모두가 멀리 날아갔다. 우리는 모두 허리가 끊어지게 웃었다. 나는 하던 이야기를 계속했다.

"아까 오삼이가 한 말에 단서가 있어. 뭔가 찜찜해. 다시 독도로 돌아가서 자리 잡고 있어야 한다고 했어. 그래야 할 어떤 이유가 있는 거야."

우리는 서둘러 독도로 향했다.

바쁘다 바빠!

독도로 향하던 중 천천이가 내게 물었다.

"무슨 상황인데 이렇게 바쁘게 돌아가려는 거야?"

"아까 분명히 오삼이가 독도로 돌아가 있어야 한다고 말했어. 그 말뜻은……."

내가 말을 흐리자 그간 조용하던 시마네가 한마디 했다.

"나도 그 말 들었어. 해삼부대가 독도를 점령하고 있어야 한다는 거였지. 그건 무언가를 기다리고 있다는 뜻 아닐까?"

"기다리다니? 뭘 기다린다는 거야?"

콩콩이도 대화에 끼어들었다. 그러다 불현듯 무언가를 떠올린 듯했다.

"혹시 지원군?"

시마네가 고개를 끄덕이며 대답했다.

"타코는 아주 영리한 친구야. 문어가 원래 머리가 좋잖아. 만일을 위해서 몇 단계 안전장치를 해 놓았을 거야. 측근이었던 나도 해삼부대의 침공을 몰랐잖아. 타코는 극비작전을 좋아해. 뭔가 또 일을 꾸미고 있는 게 틀림없어. 시아, 네 생각은 어때? 타코의 꿍꿍이가 뭘까?"

"적의 의도를 짐작하는 가장 좋은 방법은 적이 되어 보는 거야. 내가 타코였다면 어떻게 했을까?"

내가 혼잣말을 하자. 계속 잠자코 있던 우박이가 끼어들었다.

"내가 타코라면 다른 지원군을 동원했을 것 같아. 해삼부대가 성공적으로 독도를 점령했다 하더라도 확실히 하기 위해서지."

나는 뭔가 잡힐 듯 말 듯 생각이 가물거렸다. 시마네에게 물었다.

"오키섬에서 우리가 본 병력이 전부가 아닌가? 또 다른 부대가 있니?"

시마네가 아니라는 듯이 고개를 저었다.

"문어부대가 약간 더 있지. 갈치부대는 우리가 이미 알고 있고. 아마 그게 전부일걸? 내가 몰랐던 건 해삼부대의 존재였지."

나는 다시 생각에 잠겼다. 그러는 사이 우리는 안용복해산을 지나 독도에 거의 접근하고 있었다. 불현듯 생각이 떠올라 다시 시마네에게 물었다.

"아까 독우에게 우리가 해삼부대를 물리쳤다고 알리지 않았니? 신이 나서 마중을 나올 줄 알았는데 아무도 없네?"

"그렇지 않아도 나도 이상하다고 생각하는 중이었어. 승전보를 전했으면 축하한다든가 아니면 적어도 수고했다고 답이 와야 하는데 아무런 답이 없었거든. 소파층을 이용해서 전달했으니까 바로 받았을 텐데."

우리는 모두 불안해졌다. 응답이 없다는 건 뭔가 이상이 있다는 뜻이기 때문이었다. 갑자기 마음이 바빠졌다.

"독도에서 뭔가 비상사태가 일어난 것 같아. 내 생각에는 타코가 공격해 온 것 아닐까 싶어. 빨리 돌아가자."

내 말에 시마네가 대답했다.

"독도는 얼마 안 남았어. 그런데 아무리 생각해도 이해가 안 가. 오키섬에는 남은 병력이 별로 없는데······."

"시마네현에서 지원군이 올 가능성은 없니?"

"내가 알기에는 없어. 시마네현은 오키섬에서 거리도 먼 데다 타코가 병력을 지원받는 걸 싫어하거든."

천천이가 말을 가로챘다.

"왜 싫어하지?"

시마네가 어깨를 으쓱하며 대답했다.

"나도 자세히는 몰라. 타코는 공을 남하고 나누는 성격이 아니야. 자신이 주인공이 되고 싶어 하지. 욕심이 많아. 혹시라도 시마네현의 지원을 받으면 더 이상 자기가 대장 노릇을 못하게 될까 봐 걱정하는 것 같아."

내가 끼어들었다.

"나도 그렇게 생각해. 하지만 타코는 타고난 전략가야. 목적을 이루기 위해서 몇 단계의 작전을 세워 놓았을 거야."

모두가 다음 말이 궁금한지 나를 쳐다보았다.

"일 단계는 우리를 오키섬으로 유인해서, 그사이에 해삼부대가 독도를 점령하는 거였어. 이 단계는······."

내가 생각하느라 말을 끌자 성질 급한 콩콩이가 재촉했다. 나는 다시 말을 이었다.

"타코는 해삼부대가 독도에 오래 머물지 못할 것을 예상했을 거야. 하지만 일단 점령을 했으면 섬을 지켜야 하니까 지원부대가 필요했을 테지. 지원부대의 도움을 받아 독우의 독도수비대를 격파하고 완전히 점령하려는 속셈이야."

시마네가 놀란 눈으로 물었다.

"아니 그럼 독우부대가 수비에 실패했다는 뜻인가? 그럴 리 없어. 얼마나 용감한 부대인데……."

시마네가 고개를 저었다. 독우를 믿으면서도 연락이 없는 것이 불안해서였다. 그리고는 모두가 궁금해하는 질문을 했다.

"그럼 지원군은 어디서 왔지? 오키섬이나 시마네현은 아닌 게 확실한데."

나도 선뜻 대답하기 어려운 질문이었다.

"나도 그게 궁금해. 오키섬이 아닌 건 확실한데, 시마네현도 아니라면 어디일까? 동해의 일본 쪽에는 오키섬 말고는 다른 적당한 섬도 없는데……."

모두가 생각에 잠겼다. 그러는 사이에 우리는 독도에 거의 도착했다. 저 멀리 독도에서 제일 높은 대한봉이 눈에 들어왔다. 서도를 지나 동도의 선착장을 지날 때까지도 주변은 평화로웠다. 그러나 동도의 독도등대가 멀리 보이는 순간, 바다가 출렁거리는 것이 느껴졌다. 멀리서 엄청난 전투가 벌어지고 있었다.

두뇌 싸움

 시아 일행이 해삼부대를 쫓아서 안용복해산 쪽으로 출발한 후, 독우는 새우부대를 재정비했다. 아무래도 타코가 공격해 올까 걱정이 되어서였다. 세 개의 부대로 독도를 철통같이 경비하도록 했다. 그러던 중 정찰병에게서 다급한 연락이 왔다.

"대장님, 백 마리가 넘는 뱀장어 떼가 섬으로 접근 중입니다."

"뭐라고? 지휘자는 누구야?"

"타코입니다."

"오키섬에는 뱀장어가 없는데? 어느 방향에서 오는 거야?"

"남쪽입니다."

"남쪽이라고? 거긴 적당한 일본 섬이 없는데. 도대체 어디서 오는 거지?"

독우는 정찰병과 대화하면서 혼란에 빠졌다. 아무리 생각해도 그 많은 뱀장어부대를 동원할 만한 적당한 일본 섬이 생각나지 않았다. 독우는 혼잣말을 했다.

"혹시 대마도?"

그러다 고개를 저었다. 대마도에는 뱀장어가 그렇게 많지 않기 때문이었다. 하지만 일단 막는 게 급했다. 독우는 평소에 자주 훈련했던 대로 새우부대를 배치하고 명령을 내렸다.

"학익진!"

학의 날개라는 뜻 그대로 학의 날개처럼 펼쳐서 상대편을 포위하는 이순신 장군의 전법이었다. 독우가 다음 명령을 내렸다.

"양쪽 날개 부대는 안 보이게 대기하라!"

상대가 눈치를 못 채게 양쪽 날개에 해당하는 부대는 숨어 있도록 했다. 상대가 정면을 공격하면 양쪽에서 포위하여 협공하는 전법이었다.

"도화새우부대 정면 정렬!"

정면인 학의 머리에 해당하는 곳에 가장 덩치 큰 도화새우부대를 배치했다. 왼쪽 날개에 해당하는 곳에는 닭새우부대, 오른쪽 날개에는 꽃새우부대를 숨겨 놓았다. 오키섬 전투에서 공을 세운 오징어부대는 동도의 독립문바위 옆에 숨겨 놓았다. 얼마 지나지 않아 타코의 대부대가 기세등등하게 나타났다.

"독우야, 항복해. 지금 항복하고 다케시마에서 물러나면 목숨은 살려 주마."

독우가 콧방귀를 뀌었다.

"흥! 웃긴다. 해삼부대를 보내더니 이젠 뱀장어야? 여긴 독도야. 난 다케시마가 어딘지 몰라서 물러날 수 없어."

독우가 여유만만하게 나가자 타코는 움찔했다. 그러면서 뭔가를 찾는 눈치였다. 눈치를 챈 독우가 빈정거렸다.

"겁쟁이 해삼부대를 찾는 모양이군. 네 전법 잘 알아. 앞뒤에서 우릴 공격할 생각이었지?"

독우는 타코의 당황한 표정을 놓치지 않았다.

"야! 독도를 점령하고 싶으면 좀 더 센 녀석들을 보내. 오삼이부대는 전멸했어. 너희도 어서 물러나는 게 좋을 거야."

타코는 믿기지 않는 눈치였다. 하지만 끝내 독도에서 아무런 호응이 없자 독우의 말이 정말일지도 모른다는 생각이 들었다.

"너희가 해삼부대를 물리쳤다고? 어떻게? 걔들은 천하무적인데……"

"물리친 방법은 비밀이야. 그런데 저 떨거지들은 뭐야? 어디서 긁어모아 온 거야?"

독우의 독설에 뱀장어부대가 술렁거렸다. 자기들더러 떨거지라고 했으니 자존심이 상한 모양이었다. 타코가 낭패한 표정을 지었다.

"바보 같은 오삼이가 실패한 모양이군. 해삼부대를 이겼다고 너무 기고만장하지 마. 이 뱀장어부대는 멀리서 나를 도와주러 온 특수부대야. 해삼부대와는 차원이 달라."

독우는 이 부대가 어디서 왔는지 궁금했다.

"멀리서? 도대체 어디야?"

"일본 남쪽 오키나와에서 왔어. 대마도를 지나 계속 북상해서 여기까지 온 거야."

"이건 정말 놀라운데. 대만과 가까운 곳이잖아. 그 멀리서 왔다고? 어떻게 그렇게 장거리 여행을 했지?"

"해류를 타고 왔어. 난류(따뜻한 해류)인 '구로시오해류'가 이쪽으로 흐르거든. 애들은 그걸 타고 편하게 와서 지금 힘이 넘쳐. 빨리 항복하는 게 좋을 거야."

독우는 해삼부대의 지원이 없더라도 타코가 물러서지 않을 것을 알았다. 결국 정면으로 맞서는 방법밖에 없었다. 타코가 주저 없이 공격 명령을 내렸다.

"돌격! 새우부대의 숫자가 많긴 하지만 우리가 힘이 훨씬 더 강하니 문제없다. 모조리 새우깡으로 만들어라!"

정말 그랬다. 도화새우부대가 숫자는 훨씬 더 많았지만, 덩치와 힘에서 밀리기 시작했다. 신이 난 뱀장어부대는 도화새우부대를 독립문바위 쪽으로 계속 밀어 댔다. 독우가 비장해 두었던 학익진전법을 꺼냈다.

"양쪽 새우부대 협공하라!"

숨어 있던 닭새우부대와 꽃새우부대가 좌우에서 공격했다. 완전한 포위망이었다. 뱀장어부대가 당황하는 게 보였다. 타코도 생각지 못한 전법에 놀란 눈치였다.

"독우는 대단한 사령관이군. 이런 포위 전법을 쓸 줄은 몰랐어. 정말 훈련이 잘 되어 있는 부대군. 좋아! 이건 대장들의 두뇌 싸움이네. 하지만 독우는 뱀장어부대의 진가를 아직 몰라."

타코가 다시 명령을 내렸다.

"작전을 바꾼다. 흙탕물 작전 개시!"

타코의 명령에 따라 뱀장어부대가 해저 바닥으로 내려갔다. 바닥에 배를 대더니 몸부림을 치기 시작했다. 그러자 엄청난 흙탕물이 피어올랐다. 흙탕물이 시야를 가리자 새우부대가 혼란에 빠졌다. 앞이 제대로 보이지 않자 새우끼리 충돌했다. 학익진

포위망은 엉망이 되었다.

독우는 긴박한 상황을 수습하려 애쓰고 있었다.

"후퇴하라! 후퇴해서 다시 정렬!"

독우는 독립문바위에 대기시킨 오징어부대를 부를까 하다가 그만두었다. 지금 상황에서는 악다구니로 덤비는 뱀장어부대를 오징어부대가 제압하기는 어려워 보였다. 더 큰 이유는 최후의 수단인 오징어부대마저 위험에 빠지면 더 이상 어찌해 볼 방법이 없었기 때문이기도 했다. 독우가 목이 쉬도록 소리 질렀다.

"모두 정신 차려. 더는 후퇴해선 안 돼."

그러나 독우가 아무리 소리쳐도 한번 흐트러진 대열은 다시 돌아오지 않았다. 앞이 제대로 보이지도 않는 흙탕물에서 엉망이 된 새우부대를 다시 추스르는 것은 불가능했다. 절망에 빠진 독우가 중얼거렸다.

"독도의 수호신이시여 도와주소서!"

그러면서 속으로 생각했다.

'저에겐 아직 삼총사 친구가 있습니다.'

우리가 도착한 것이 이때였다. 다급한 김에 서로 인사할 틈도 없이 전투에 끼어들었다. 콩콩이와 천천이 그리고 시마네까지 합세해서 뱀장어부대를 공격하기 시작했다. 그중에서 콩콩이의 활약이 단연 돋보였다. 빠른 속도를 이용해 뱀장어부대를 들이받기 시작했다. 콩콩이의 저돌적인 공격에 놀란 뱀장어부대는 갈팡질팡했다. 그러나 영악한 타코는 우리의 약점을 잘 알고 있었다.

"도망가지 마. 쟤들 별거 아냐. 콩콩이만 제압하면 돼."

하지만 콩콩이는 영리하게 힘을 조절하면서 뱀장어부대를 공격했다. 상황이 불리해지자 타코가 새로운 작전을 짰다.

"뱀장어부대 집합! 열 마리씩 짝을 지어서 다섯 분대를 만들어라. 그리고 나머지는 새우부대를 계속 공격하라."

타코의 명령에 따라 오십 마리의 뱀장어부대가 일사분란하게 적을 에워쌌다. 타코가 명령을 내렸다.

"제1분대 콩콩이 공격!"

열 마리가 동시에 공격했으나 콩콩이의 힘을 당하지 못하고 튕겨 나갔다. 타코는 계속해서 명령을 내렸다.

"제2분대 공격! 다음은 제3분대! 나머지 분대들도 차례대로 돌아가면서 공격!"

콩콩이는 번번이 공격을 물리쳤지만 오십 마리의 뱀장어부대의 파상공세에 지쳐 갔다. 그 광경을 보던 시마네가 걱정스레 내게 말했다.

"더 이상은 무리야. 저러다 콩콩이 큰일나겠다."

나는 난감했다. 독우는 정신없이 새우부대를 지휘하고 있었지만, 힘에서 밀리는 것이 눈에 보였다. 독우가 내게 다가왔다.

"시아야, 우리 힘으로는 저 힘 좋은 녀석들을 막을 방법이 없네. 후퇴해야 할 것 같아."

"후퇴라니? 어디로?"

"일단 이곳에서 막는 건 포기해야지. 그렇지 않으면 우리 모두가 위험해져. 멀리서 온 너희를 위험에 빠뜨려 미안해."

그때였다. 뱀장어부대가 갑자기 혼란에 빠졌다. 멀리서 보니 웬 시커먼 물체가 뱀장어부대를 휘젓고 다니고 있었다.

강치 형님

 시커먼 물체는 힘이 아주 좋았다. 혼자였는데도 뱀장어부대를 가지고 놀았다. 콩콩이와는 달리 이 시커먼 물체는 바닥을 훑듯이 왔다 갔다 하면서 뱀장어부대의 혼을 쏙 빼놓았다. 마치 전투를 즐기는 것 같았다. 우리는 뜻밖의 광경에 놀라서 서로 쳐다만 보고 있었다.

"저게 뭐지? 물개 같기도 하고……."

내 질문에 시마네도 고개를 갸우뚱거렸다.

"글쎄, 물개처럼 보이는데 잘 모르겠네. 그런데 독도에는 물개가 없어. 난 쟤 처음 봐. 그나저나 힘이 천하장사네."

정말 그랬다. 뱀장어부대가 추풍낙엽처럼 흩어져서 엉망이

되었다. 덕분에 콩콩이도 한숨 돌릴 수 있었다. 어느새 내 옆에 다가온 천천이가 말했다.

"내가 보기엔 물개 같은데 약간 모습이 다른 것 같기도 해. 좀 더 가까워지면 알게 되겠지."

뱀장어부대의 공격이 약해지자 한숨 돌린 독우가 우리 쪽으로 다가왔다.

"독도수비대장인 나도 저 친구는 처음 봐. 힘이 좋은 걸 보니 물개 아닐까?"

한편 타코는 엉망이 된 뱀장어부대를 수습하느라 정신이 없었다.

"모두 일단 후퇴하라. 다시 정비한 다음에 공격한다. 그런데 저 무지막지한 녀석은 뭐야? 독우의 비밀병기인가?"

뱀장어부대가 시야에서 사라지자 검은 물체가 우리 쪽으로 다가왔다. 가까이 올수록 윤곽이 뚜렷해졌다. 덩치는 콩콩이와 비슷했고 피부는 검은색이 아니라 짙은 회색의 털로 덮여 있었다. 모두가 동시에 외쳤다.

"물개다!"

우리가 외치는 소리에 검은 물체가 빙그레 미소를 지었다.

"나는 강치라고 해. 바다사자인데 물개와는 사촌이야. 비슷하게 생겨서 모두들 혼동하기도 하지."

강치라는 소리를 듣고 그렇지 않아도 튀어나온 독우의 눈이 더 밖으로 나왔다. 어지간히 놀란 듯했다.

"뭐라고? 강치는 독도에서 멸종했는데!"

"맞아! 독도에서는 멸종해서 한 마리도 없어. 나는 멀리 북쪽에 있는 러시아 캄차카반도에서 왔어. 우리 조상이 살던 독도를 살짝 보고 돌아가려 했는데, 우연히 너희들이 고전하는 것을 보고 도와주러 왔지."

"'강치'는 독도에 살던 바다사자의 다른 이름이야. 순수한 우리말이지. 우리 독도새우들은 강치를 형님으로 모셨다고 해. 강치 형님, 반갑습니다!"

독우의 환영에 강치도 기뻐했다.

"어, 그런가? 동생이 생겨서 좋네. 그런데 여기 모인 친구들은 혹시 '심해원정대 삼총사' 아닌가? 소문은 많이 들었어."

우리는 너무 놀랐다. 멀리 캄차카에서 온 강치가 우리를 알아주리라고는 상상하지 못 했기 때문이었다. 우리는 반갑게 인사했다. 강치가 조심스레 말을 꺼냈다.

"여기 우리 조상들이 살던 바위가 있다고 들었는데……."

독우가 기다렸다는 듯이 대답했다.

"서도 북쪽에 있는 '가제바위'가 강치 집합소였다고 들었어요. 야트막한 바위지요."

나는 궁금한 걸 참지 못하고 끼어들었다.

"강치가 많았던 바위면 '강치바위'라고 해야지. 왜 가제바위지?"

"조선시대에 울릉도 어민들이 강치를 '가제' 혹은 '가지'로 불렀대. 우리말로 된 옛날 이름이 있다는 것도 독도가 오래전부터 우리 땅이었다는 증거지. 그런데 강치 형님, 왜 독도에서 전부 사라진 거예요?"

강치의 표정이 어두워졌다. 조금 망설이더니 이야기를 시작했다.

"원래 독도에는 강치가 아주 많았었다고 해. 여기는 한류와 난류가 만나는 곳이라 먹이가 아주 많았거든. 한때 만 마리도 넘었다는데 남획으로 멸종했지."

우리는 한숨을 쉬었다. 독우가 화난다는 듯이 다시 물었다.

"아니 누가 왜 그런 짓을 했지요? 정부에서는 보호하지 않고 뭘 했나요?"

"나라의 힘이 약해져서 그랬지. 백여 년 전 일본이 조선을 강점했을 때 그런 일이 벌어졌대. 일본 회사가 독도에 강치가 많다는 것을 알고 대규모로 잡아들였다고 해. 무려 만 마리 넘게 잡았다는 일본 측 기록이 있어. 안타깝게도 그 당시 망해 가던 조선은 아무 힘이 없어서 항의하지 못했어. 결국 독도가 자원의 보고라는 사실을 알게 된 시마네현에서 독도를 자기 땅이라고 주장하며 다케시마로 등록한 거야."

"아, 바로 그때구나! 그런데 왜 그렇게 많이 죽였어요?"

"강치의 가죽은 고급 가방의 재료였대. 파리박람회에서 금상을 받았을 정도로 고급 재료였으니 일본 회사가 탐낼 만했겠지."

우리의 놀라는 표정을 보고 강치가 말을 이어 갔다.

"믿기지 않겠지만, 강치 한 마리 값이 소 열 마리 값과 같았다고 해. 그 일본 회사는 보물창고를 발견한 거지. 하지만 새끼까지 남획하는 바람에 보물창고를 스스로 파괴한 셈이 됐어. 조금씩만 잡았다면 멸종하지는 않았을 거야."

너무나 비참한 이야기에 우리는 할 말을 잃었다. 심각한 표정으로 천천이가 질문을 했다.

"그러면 그때 다 사라진 건가? 그렇게 많았다면서……."

강치가 천천이를 물끄러미 쳐다보면서 고개를 끄덕였다.

"좋은 질문이야. 실은 해방 후에도 이백여 마리가 남아 있었고 일부는 한국 어부들도 잡았다고 해. 일본은 이 사실을 가지고 한국에서 강치를 멸종시켰다고 억지 주장을 하고 있지. 하지만 그땐 한국전쟁을 겪던 시기라 정확한 기록을 찾을 수는 없나 봐. 한국과 일본 양쪽 어부들이 얼마 안 남은 강치를 잡았다고 전해지지. 하지만 누가 멸종시켰는지는 뻔하잖아. 만여 마리를 잡은 쪽인가? 수십 마리 잡은 쪽인가? 어쨌든 우리 조상들은 독도에서 사라졌지. 공식적으로는 멸종이야."

강치 멸종 이야기에 모두 충격을 받고 정적에 빠졌다. 말은 안 해도 안타까워하는 표정이었다. 어색한 침묵을 깨고 독우가 말했다.

"이제 더 이상 일본 어부들의 남획은 없을 겁니다. 독도로 돌아오세요. 독도 생물들은 철저하게 보호받고 있습니다."

강치는 난감한 표정을 지었다.

"나도 돌아오고 싶어. 하지만 방심하면 안 돼. 인간의 탐욕은 아직도 끝난 게 아니야."

그러는 사이에 정찰병이 새로운 상황을 보고했다. 보고를 듣는 독우의 표정이 굳어졌다. 물러갔던 뱀장어부대가 다시 공격하러 온다는 소식이었다.

다시 나타난 뱀장어부대 앞에 강치가 나섰다.

"네가 타코구나. 난 독도 터줏대감 강치다. 누가 먼저 혼나 볼래?"

강치의 당당한 태도에 뱀장어부대가 술렁거렸다. 겁먹은 표정이 역력했다. 타코가 맞받아쳤다.

"겁먹지 마! 강치인지 강아지인지 모르지만, 물개에 불과해. 그리고 쟤는 하나고 우린 숫자가 많아. 계속 공격하면 결국에는 쓰러질 거야."

강치의 배짱은 대단했다.

"나는 물개가 아니야. 바다사자야!"

그 말은 상당히 효과가 있었다. 바다사자가 뭔지 모르는 뱀장어들은 사자라는 말에 놀라 술렁거렸다.

"사자라잖아. 어쩐지 힘이 천하장사였어."

"무서워."

"저런 힘세고 빠른 친구에게 덤벼 봐야 소용없어."

"저 뻣뻣한 수염 좀 봐!"

"덤볐다간 죽을지도 몰라."

타코는 흔들리는 부하들은 단속하느라 바빴다.

"야, 이놈들아. 바다사자는 물개나 비슷해. 겁먹지 말고 공격해."

강치가 한심하다는 듯 비웃었다.

"타코야. 대장이면 네가 솔선수범해서 앞장서서 공격해야지. 너는 뒤로 숨고 부하들더러 희생하라고 하면 하겠니? 한심한 친구네."

강치는 타코의 약점을 정확히 찔렀다.

"나는 대장이야. 대장은 직접 싸우지 않아. 명령을 내려야 하니까."

강치의 지적에 부끄러움을 느꼈는지 그렇지 않아도 몸 색깔이 잘 변하는 타코가 붉으락푸르락했다. 뱀장어부대를 돌아보며 명령을 내렸다.

"제1조 공격!"

그러나 제1조 뱀장어부대는 덜덜 떨며 움직이지 않았다. 타코가 다시 명령을 내렸다.

"그러면 제2조가 먼저 공격하라!"

제2조도 마찬가지였다. 오히려 타코에게 어째서 순서대로 하지 않고 우리가 먼저 공격해야 하느냐고 항의했다. 그 뒤에 대기하던 제3조는 아예 뒤로 슬슬 물러나기 시작했다. 타코는 난감한 표정으로 계속 소리를 질렀지만, 이미 사기가 떨어진 뱀장어부대는 수습이 되지 않았다. 그 모습을 보고 있던 독우가 한마디

했다.

"강치 형님 배짱에 밀렸군."

뱀장어부대는 슬금슬금 타코의 눈치를 보더니 잽싸게 모조리 도망쳤다. 여러 마리가 동시에 도망가는 바람에 흙먼지가 일었다. 체면이 말이 아니었지만 타코는 그래도 물러나지 않았다. 미련이 있는지 자꾸 뒤를 돌아다보았다. 뭔가를 기다리는 눈치였다. 독우가 타코를 설득했다.

"타코, 이제 그만 포기해. 뱀장어부대는 다시는 돌아오지 않을 거다. 강치를 무서워하잖아. 그리고 이제 더 이상 동원할 병력도 없잖아. 나도 멀리서 온 호주 손님들 대접해야 하니 넌 제발 오키섬으로 돌아가길 바란다."

"뱀장어부대면 충분할 줄 알았는데 너희들 의외로 끈질기네. 강치라는 강력한 적이 나타날 줄 몰랐어. 할 수 없이 최후의 수단을 써야겠군."

우리는 서로 얼굴을 쳐다보았다. 아무리 생각해도 타코가 허세를 부리는 것 같았다. 독우가 조롱했다.

"존경하는 타코씨, 이미 모든 수단 다 쓰신 것 아닌가요? 피곤하실 텐데 오키섬으로 돌아가서 좀 쉬시지요."

갑자기 물에 진동이 느껴졌다. 그러자 타코가 야릇한 미소를 지었다. 우리는 갑자기 불안해졌다. 진동을 일으킨 물체가 보이지 않으니 더 무서운 생각이 들었다.

"강치나 콩콩이가 백 마리 있어도 당해 낼 수 없는 슈퍼파워가 곧 도착할 거야. 나라면 빨리 도망가겠어."

우리는 진동이 느껴지는 쪽을 바라보았다. 뱀장어부대가 처음 나타났던 곳과 방향이 비슷했다. 역시나 일본 쪽이었다. 진동은 점점 커졌다. 땅도 흔들리기 시작했다. 거대한 물체가 우리에게 접근하고 있는 것이 확실했다. 그것도 아주 빠르게…….

고질라

 거대한 물체는 서서히 모습을 드러냈다. 일단 덩치가 엄청났다. 거의 작은 고래만 했다. 그런데 처음 보는 동물이었다. 하지만 부리부리한 눈에 발이 네 개인 것을 보니 고래가 아닌 건 확실했다. 우리는 너무나 놀라 서로 쳐다보았다. 그리고는 누가 먼저라고 할 것 없이 소리를 질렀다.

 "아니, 저게 뭐지? 웬 괴물이야?"

 우리 중 가장 세상 경험이 많은 천천이도 크게 놀라는 모습이었다.

 "태어나서 처음 보는 동물이야. 그런데 생긴 게 개구리 비슷하네?"

바다에서만 살아서 개구리를 본 적 없는 콩콩이가 말했다.

"개구리가 뭐야? 육지 동물인가? 육지에 저렇게 큰 동물이 있을 리가 있나? 큰 동물은 바다에 사는데."

천천이가 대답했다.

"콩콩이 말이 맞아. 육지에서 가장 큰 동물은 코끼리나 하마 정도인데, 이 괴물은 더 크네. 바다 동물이라면 왜 내가 여태 몰랐지?"

타코는 당황해하는 우리 모습을 보고 회심의 미소를 지었다.

"내가 미리 경고했지? 빨리 도망가라고. 얘는 내 아우야. 멀리서 나를 도우러 여기까지 왔지."

타코는 덩치 동생이 자랑스러운지 우쭐댔다. 덩치가 입을 열었다. 커다란 몸집에서 나오는 소리가 크게 울려 퍼질 때마다 주변에 물결이 일었다.

"난 고질라라고 한다. 타코 형님이 도와 달라고 해서 달려왔지. 우리 동네에서 여기까지는 아주 멀지만, 해류를 타니까 올 만하더군. 그건 그렇고 너희 꼬마 녀석들이 감히 우리 형님을 괴롭혔나?"

우리는 고질라의 거대한 모습에 겁을 먹었다. 고질라가 어미 개라면 콩콩이와 강치는 새끼 강아지에 불과했다. 하지만 그렇다고 물러설 수도 없었다. 천천이가 우리에게만 들리도록 속삭였다.

"우선 저 녀석이 누군지 알아야 작전을 세울 수 있겠지? 내가 시간을 끌어 볼게."

역시 경험이 중요했다. 노련한 천천이가 앞으로 나섰다.

"안녕. 나는 천천이야. 난 덩치 큰 친구를 좋아해. 덩치들은 대부분 힘도 좋고 성격도 좋은 데다 착하거든. 게다가 넌 너무 멋지게 생겼네. 그런데 바다에서 처음 보는데 넌 누구니?"

고질라는 천천이가 자신을 한껏 추켜세워 주자 기분이 좋은 듯했다.

"나는 일본 동쪽 후쿠시마에서 살던 개구리야. 어느 날 갑자기 이렇게 덩치가 커졌지. 아마 몸에 좋은 음식을 먹어서 그럴 거야."

독우가 이제 이해가 간다는 듯이 나직하게 속삭였다.

"저 녀석 방사능에 오염됐군. 후쿠시마 원자력발전소가 폭발해서 엄청난 방사능이 유출됐지. 그때 발전소 옆에서 살다가 방사능 때문에 유전자에 변형이 온 걸 거야. 괴물이 된 거지."

천천이가 고개를 끄덕이면서 말했다.

"네 덩치가 커진 건 건강에 좋은 음식을 먹어서가 아니야. 방사능에 네 몸이 많이 노출된 건데, 그거 아주 해로운 거야. 동해를 방사능으로 오염시키지 말고 다시 돌아가."

고질라가 발끈했다.

"거짓말하지 마. 내 덩치가 이렇게 커지고 힘도 엄청나게 늘었는걸. 내가 부러워서 시기하는 거지?"

우직한 고질라는 말이 통하지 않았다. 진짜 문제는 뒤에서 조종하는 타코였다. 타코는 대화가 계속되면 거짓이 들통날 것을 염려했다.

"동생아, 그 녀석들 말 믿지 마. 얘들이 우리 영토를 침범하고 있으니 빨리 쫓아내."

"네, 형님. 걱정 마세요."

독우의 새우부대는 아예 고질라의 상대가 되지 않아 뒤로 물러서고 콩콩이와 강치가 맞섰다. 강치가 경고했다.

"야, 인마. 여긴 대한민국 영토야. 넌 지금 남의 땅에서 강도짓을 하는 거야. 돌아가!"

하지만 이미 행동을 개시한 고질라는 막무가내였다. 우리 중에서 가장 덩치가 크고 힘이 좋은 콩콩이와 강치였지만 상대가 되지 않았다. 고질라의 무지막지한 힘에 속수무책이었다. 그 와중에 타코가 살살 약까지 올렸다.

"지금이라도 잘못을 빌고 섬을 넘겨주면 목숨은 살려 주지. 너희는 쟤를 막을 수 없어."

용감한 독우도 난감한 표정으로 말했다.

"이제 어떡하지?"

그 순간 나에게 기상천외한 작전이 떠올랐다. 맹목적으로 타코 말만 따르는 순진한 고질라는 상황 판단에 문제가 있어 보였다. 독우에게 살짝 물었다.

"오징어부대는 아직 독립문바위에 있지?"

독우가 대답했다.

"거기에 대기하고 있지. 대장은 지금 여기 와 있고. 그런데 왜? 오징어부대가 숫자가 많기는 해도 고질라의 상대는 못 돼."

내가 다시 조용히 말했다.

"내게 작전이 있어. 저 녀석의 저돌적인 성격을 이용하는 거야. 나에게 오징어부대 지휘권을 줘!"

독우는 해삼부대를 물리친 내 능력을 인정했다. 오징어부대 대장에게 내 명령을 따르라고 했다. 나는 대장을 불러 귓속말을 했다. 대장이 고개를 끄덕거리고 급히 독립문바위 쪽으로 사라졌다. 나는 독우에게 후퇴 명령을 내리라고 부탁했다. 내 작전을 눈치챈 독우가 명령을 내렸다.

"모두 독립문바위 쪽으로 후퇴!"

우리는 모두 후퇴하기 시작했다. 고질라는 쿵쾅거리며 정신없이 우리를 쫓아왔다. 아치 형태의 단단한 독립문바위가 보이기 시작했다. 독립문바위 앞에는 오징어부대가 대기하고 있었다. 오징어부대를 본 고질라는 흥분했다.

"기껏 저 오징어부대로 나를 막겠다고? 이 꼬마 녀석들이 그렇게 혼나고도 아직도 나를 무시해? 도망가지 말고 거기 서!"

기고만장한 고질라가 무서운 속도로 돌진했다. 나는 때를 놓치지 않고 오징어부대에게 신호를 보냈다. 수백 마리의 오징어가 동시에 먹물을 뿜었다. 시야가 어두워졌지만, 자신의 힘을 과신한 고질라는 도리어 길길이 날뛰기 시작했다.

"아니, 이게 뭐야? 이따위 먹물로 나를 멈출 수 있다고 생각했나? 바보 같은 녀석들. 여긴 머리 좋은 놈이 하나도 없군."

오징어 먹물에 당했던 기억이 있는 타코가 급하게 말렸다.

"안 돼!"

"거기 서!"

그러나 흥분한 고질라는 더욱 속도를 내서 오징어부대를 쫓았다. 풍차를 향해 돌격하는 돈키호테였다. 먹물이 걷히면서 갑자기 눈앞에 거대한 바위가 나타났지만 이미 가속이 붙어서 피

할 수가 없었다.

"쾅!"

"우지끈!"

"아이고 아파!"

고질라의 거대한 몸집이 독립문바위에 끼었다. 워낙 단단하게 끼어서 앞으로도, 뒤로도 움직일 수 없는 진퇴양난이 되었다. 앞으로 나가려고 몸부림을 칠수록 점점 더 바위 사이에 몸이 끼었다. 아무리 힘이 좋아도 거대한 바위를 이길 수는 없었다. 그렇지 않아도 튀어나온 고질라의 눈이 겁을 먹은 듯 어쩔 줄 모르고 두리번거렸다.

"와! 성공했다!"

우리는 모두 만세를 불렀다. 신나게 고질라를 뒤따르던 타코는 멍하니 그 모습을 바라만 보고 있었다. 고질라가 애원했다.

"살려 줘."

타코는 넋이 나간 표정이었다. 눈앞에 벌어진 현실이 믿기지 않는 듯했다. 실은 우리도 고민이었다. 천천이가 걱정스러운 표정으로 말했다.

"어쩌지? 그냥 놔두면 죽을 텐데. 더구나 쟤는 원래 아가미가 없어서 물속에 오래 있으면 숨 막혀서 죽을 거야."

나는 숨쉬기 힘들어하는 고질라에게 산소를 만들어 주었다. 하지만 빼낼 방법을 찾아야 했다. 모두가 힘을 합쳐 고질라를 빼내려 했지만, 워낙 덩치가 커서 꼼짝도 하지 않았다. 너무 아프고 힘든지 커다란 눈에 눈물이 그렁그렁했다.

"시아 형님, 제발 좀 살려 주세요. 제가 잘못했습니다. 제힘만 믿고 남의 나라에 와서 행패를 부렸습니다. 살려 주시면 바로 돌아가겠습니다."

타코도 안타까운 표정으로 부탁을 했다.

"시아야, 제발 내 동생 고질라를 살려 줘. 쟤는 정말 아무것도 모르고 내가 도와 달라고 해서 온 것뿐이야. 살려만 주면 나도 오키섬으로 바로 돌아갈게."

우리도 고질라가 불쌍해서 도와주고 싶었다. 그러나 우리 힘으로는 도저히 바위틈에서 빼낼 수가 없었다. 모두가 갈팡질팡하는 사이에 조용히 내게 접근한 우박이가 살짝 말했다.

"'박테리아 어벤져스 작전' 다시 해 보자."

그 말에 나는 눈이 번쩍 뜨이는 느낌이었다.

"고맙다, 우박아. 왜 그 생각을 못 했지?"

우박의 작전은 간단했다. 고질라같이 덩치 큰 괴물은 스스로의 힘으로 빠져나와야 한다는 이야기였다. 바위 사이에 옆구리가 끼어서 뒤로 빠져야 하는데 고질라의 신체 구조상 뒤로 가는 게 불가능했다. 나와 우박이, 독박이 셋이서 고질라의 콧속을 헤집고 다니기 시작했다.

"간질간질."

"에~에~에, 에취!"

엄청난 재채기와 함께 고질라가 뒤로 밀렸다. 좀 더 하면 바위틈에서 빠져나올 수 있을 것 같았다.

"한 번 더."

두 번째 재채기와 함께 육중한 고질라가 바위 뒤쪽으로 튕겨 나왔다. 박테리아 어벤져스 셋을 향해 사방에서 박수가 터져 나왔다.

"고맙습니다. 박테리아 형님들!"

산더미같이 큰 고질라가 아주아주 조그만 박테리아에게 머리를 조아리는 너무도 재미있는 광경이 펼쳐졌다. 빙그레 웃던 천천이가 나직하게 말했다.

"크기가 중요한 게 아니야!"

가제바위

갑자기 독도 앞 바닷물이 회오리와 함께 하늘로 솟아올랐다. 깜짝 놀란 콩콩이가 소리를 질렀다.

"저게 뭐야? 무서워!"

독우가 웃으면서 대답했다.

"'용오름'이야. 회오리바람이 불면 바닷물이 하늘로 솟구치는데 육지에서는 '토네이도'라고 하지. 여기선 가끔 볼 수 있어. 새로운 용이 탄생한 걸 축하하나 봐."

"누가 새로운 용인데?"

콩콩이가 놀란 눈을 하며 물었다.

"누구긴 누구야? 바로 나지."

모처럼 여유를 되찾은 독우가 처음으로 농담하다가 표정이 진지하게 바뀌었다.

"독도에 평화가 온 걸 축하하는 거겠지."

모두가 한동안 멋진 광경을 감상했다. 독우가 독도 관광을 제안했다.

"독도는 단순히 동해의 거칠고 외로운 섬이 아니고 아름다운 섬이야. 직접 봤으면 해."

동도의 동쪽 끝에 있는 독립문바위를 출발해서 시계 반대 방향으로 섬을 돌기 시작했다. 조금 가자, 작은 섬이 나타났다.

"'물오리섬'이야. 어민들이 물오리가 산다고 붙인 이름이지."

내가 물었다.

"오리는 육지에 살잖아? 웬 오리?"

"실은 오리가 아니고 '바다가마우지'야. 주로 물고기를 먹고 사는 철새지. 숫자가 자꾸 줄어서 보호해야 한대."

"독도에는 섬이 몇 개나 있어?"

"이름 있는 섬만 해도 22개나 돼."

강치가 설레는 표정으로 물었다.

"우리 조상들이 살던 가제바위는 어디에 있어?"

"지금 그쪽으로 가고 있습니다, 강치 형님."

우리는 '삼형제굴바위'라고 하는 세 개의 굴이 있는 바위를 지나서 서도의 북쪽 끝으로 향했다. 평탄하고 야트막한 바위 여러 개가 옹기종기 모여 있었다.

"가제바위입니다. 형님."

감개무량한 듯 강치가 바위 위로 올라섰다.

"아, 바로 여기가!"

강치는 더 이상 말을 잇지 못했다. 나는 강치를 위로해 주고 싶었다.

"여기서 잠시 쉬어 갑시다."

독우의 말에 모두가 섬 주변으로 모였다. 가제바위는 물이 찰랑거리는 조그마한 바위섬이었다. 섬은 평화롭고 아름다웠다.
　강치는 신이 나는 듯 바다사자 특유의 폼으로 뒤뚱뒤뚱 바위 위를 뛰어다녔다. "아욱, 아욱." 소리를 크게 지르기도 했다. 조용히 따라다니던 타코가 중얼거렸다.
　"섬 전체에 대나무가 한 그루도 없네. 돌로 된 섬이야. 다케시마가 아니었어……."
　그러면서 독우에게 말했다.
　"독우야 미안해. 내가 잘못 알았어. 여긴 돌섬 독도야."

독우는 아무 말 없이 타코를 향해 미소를 지었다. 타코가 다시 말했다.

"우리는 독도를 한국이 불법으로 점령하고 있다고 들었어. 하지만 저번에 너랑 논쟁하고 알았지, 우리가 역사를 잘못 알고 있다는 걸. 사실 일본에서는 독도를 일본 땅이라고 가르치지만 부끄럽게도 대부분이 독도의 위치도 몰라."

타코는 강치에게도 사과했다.

"강치를 멸종시킨 책임은 우리에게도 있어. 정말 미안해."

독우의 표정이 아주 밝아졌다.

"멸종이 타코의 잘못이 아니지만 사과를 받아 주겠어. 잘못을 인정하는 건 용기가 필요한 일이야. 우리가 더 이상 싸우지 않고 평화롭게 지내면 좋겠어."

그리고는 강치를 보며 제안을 했다.

"형님, 이제 독도로 돌아오시죠. 가제바위도 그대로 있잖아요. 나라에서도 적극적으로 보호할 거고."

"나도 돌아오고 싶어. 그런데 바다 환경이 너무 변했어. 우리가 적응할 수 있을지 잘 모르겠어."

"무슨 말씀이세요? 우린 별문제 없이 잘 살고 있는데."

"여기까지 오는데 바닷물이 생각보다 너무 따뜻했어. 독도에 우리 조상들이 많이 살았던 이유는 한류와 난류가 만나는 곳이어서 물고기가 풍부했기 때문이었지. 하지만 지금은 환경이 변해서 예전처럼 물고기가 많지 않아. 우리가 살려면 식량이 있어야 하는데 가능할지……."

"저도 그 이야기 들었어요. 과거에 비해 동해 수온이 2℃ 정도 올랐다고 해요. 그런데 우리는 여기 계속 살아서 그런지 잘 모르겠어요."

"바로 그게 문제야. 온도가 서서히 오르면 변화를 못 느끼지. 지구는 거대한 냄비가 되어 가고 있어. 냄비가 점점 뜨거워지는데 그 안의 개구리는 유유히 헤엄쳐 다니지. 따뜻해졌다고 오히려 좋아하는 그 개구리가 바로 우리야."

강치의 말에 천천이가 비장하게 한마디 했다.

"바다에는 경계가 있지만 바닷물에는 경계가 없어. 해류 때문에 한 곳이 오염되면 결국 주변이 다 오염되지. 모든 이들이 바다가 오염되지 않게 노력하지 않으면 안 돼."

모두가 바다를 바라보며 고개를 끄덕였다.

"심해원정대 삼총사, 정말 고마워. 역시 너희는 소문대로 대단한 팀이야."

독우의 감사 인사에 미소를 지은 천천이가 제안을 하나 했다.

"삼총사에 달타냥이 빠질 수 없지. 독우에게 우리 팀의 달타냥을 시키면 어떨까?"

콩콩이가 동의한다는 뜻으로 꼬리로 물을 치면서 말했다.

"이 친구는 정말로 달타냥의 자격 있어. 정의감도 있지만 급하고 자존심 강한 성격이 완전히 달타냥이야."

나도 거들었다.

"좀 독선적이지만 나름 합리적이기도 해. 내게 두 번씩이나 작전권을 넘겼거든."

독우가 항의하는 표정을 지었다가 이내 풀었다.

"맞아. 그게 내가 고쳐야 할 성격이지. 유명한 심해원정대 삼총사의 달타냥이 되는 건 영광이야. 고마워."

모두들 환호했다.

"삼총사 만세! 달타냥 만세!"

타코가 부러워했다.

"삼총사에 달타냥까지! 천하무적이네. 내가 그간 거짓말 많이 했지만, 너희같이 좋은 친구를 사귀고 싶다는 말은 진심이었어."

타코는 작별 인사를 하고 떠났다. 우박이와 독박이가 나에게 다가왔다. 세 박테리아가 뭉쳤다.

"박테리아 어벤져스 만세!"
"박테리아 삼총사 만세!"

어디선가 나지막한 노랫소리가 들려 왔다. 가제바위에 홀로 앉아 있던 강치의 목소리였다.

  외롭지만 강인한 섬
  독도는 마음의 고향

  끝없는 인간의 탐욕에
  우리 모두 사라졌지만

  은근과 끈기로 뭉친
  우리의 삶은 계속될 거야

  다시는 빼앗기지 말자
  우리의 독도 동해 바다야

  우리 다시 돌아올 거야
  우리의 독도 가제바위야

동해원정대와 함께하는 독도 일주 여행
독도에는 어떤 바위들이 있을까요?

작가의 말

"만약 독도가 일본 땅이라면 한국과 일본의 경계가 울릉도와 독도 사이가 된다는 뜻이지? 그렇다면 한국 영토가 확 줄어들겠네."

본문에 나오는 호주 돌고래 콩콩이의 독백입니다. 일본은 끊임없이 독도를 넘보고 있습니다. 독도는 분명 우리의 고유 영토이고 그 사실을 증명할 구체적인 증거도 많습니다. 이 책에는 일본이 왜 그렇게 무리하게 독도를 탐내는지, 우리가 왜 동해의 작고 외로운 섬을 꼭 지켜야 하는지에 대한 이야기가 들어 있습니다.

좌충우돌 '동해원정대 삼총사'의 활약도 재미있지만 동해, 울릉도, 독도가 언제, 어떻게 만들어졌는지, 동해 바닷속이 어떤 형태를 이루고 있는지에 대한 간단한 지식도 얻을 수 있습니다. 친구들에게 어느 섬이 먼저 생겼는지 퀴즈를 내 보는 것도 좋겠지요. 동해라는 바다가 원래 없었다는 게 상상이 되나요?

독도는 한류와 난류가 만나는 좋은 어장이었습니다. 일본이 탐낼 만했지요. 지구온난화로 동해는 심한 몸살을 앓고 있습니다. 한때 독도의 터줏대감이었지만 이제는 사라져 버린 바다사자 '강치'가 독도에 다시 돌아와 우스꽝스럽게 뒤뚱거리며 걷는 모습이 보고 싶습니다. 또 그 친구들을 배경으로 셀카를 찍는 꿈도 꾸어 봅니다. 여러분 중에 유능한 생명공학자가 나와서 강치를 복원할 수 있으면 더욱 좋겠지요.

우리 땅을 지키기 위해서 헌신하신 이사부, 심흥택, 안용복 같은 분들은 공식적으로 울릉도와 독도 주변 해산의 이름(해저 지명)에 올라 있습니다. 해저 지명 등록은 국제기구의 승인이 필요합니다. 그러기 위해서는 국제적으로 인정받는 자료를 갖추어 다른 나라보다 먼저 신청해야 합니다. 이는 국가 차원의 지원이 있어야 가능한 일입니다. 그 밖에도 한국전쟁 등의 혼란기에 자신을 바쳐 독도를 지켜 낸 무명의 독도 지킴이들의 공로도 잊어서는 안 될 것입니다. 독자 여러분이 이 책을 읽고 독도를 더욱 사랑하게 되기를 기대합니다.

이 책을 쓰는 데 귀중한 해저 지형 자료를 제공해 주신 국립해양조사원과 한국지질자원연구원 이광수 박사께 감사드립니다.

지은이 김대철

부경대학교 교수로 정년퇴직하였고 전공은 해양지질학입니다. 서울대학교 해양학과와 하와이대학교에서 공부하였습니다. 부경대학교 환경해양대학장, 한국해양학회장, 한국수로학회장 등을 역임하였고, 현재는 호주에 머물면서 저술 활동과 지질탐사 등을 하고 있습니다. 어린이와 일반인 들을 위해 과학 동화 「태평양 구석구석 해저 탐험」과 「나, 박테리아야」를 썼습니다. 호기심 많은 어린이들의 질문을 기다립니다.

그린이 안예리

2001년 한국 출판미술협회 출판미술대전에서 동화 부문 은상을 받으며 어린이 그림책 일러스트레이터로 입문하였습니다. 프뢰벨그림동화연구소에서 글과 그림 작업을 하며, 여러 차례 전시를 열고 책을 출간하였습니다. 쓰고 그린 책으로는 「우리 마을 장승 이야기」가 있고, 그린 책으로는 「상상력 천재 기찬이」, 「나는 옷이 아니에요」, 「비밀에 갇힌 고양이 마을」, 「서바이벌 융합 과학 원정대」, 「올레야 오름아 바다야」, 「나, 박테리아야」 등이 있습니다.